手 Hands から始まる物語
[第5回]

愛知県、36歳、プロビーチバレーボール選手

相手チームのサーブを待つ小島の手。

砂と汗と雨が混ざる手の平は、必死にボールを追いかけていた。彼の物語は、ほんの3年前に始まったばかりだ。「遅すぎることなんてない。いつだって、今が一番早いとき」。取材を通して自分を信じて貫く勇気をもらった。

関　健作
photo & text
KENSAKU SEKI

[上]砂浜でのジャンプトレーニング。南米滞在中、ブラジル人の監督に教えてもらったそうだ。
[下]ゲーム中でもパートナーとのコミュニケーションを欠かさない。

●せき・けんさく　1983年、千葉県に生まれる。2006年、順天堂大学・スポーツ健康科学部を卒業。2007年から3年間体育教師としてブータンの小中学校で教鞭をとる。2010年、帰国して小学校の教員になるがすぐに退職。現在フリーランスフォトグラファー。
[受賞] 2017年　第13回「名取洋之助写真賞」受賞／2017年　APAアワード2017　写真作品部門　文部科学大臣賞受賞
[著書] 『ブータンの笑顔　新米教師が、ブータンの子どもたちと過ごした3年間』（径書房）2013
[写真集] 『OF HOPE AND FEAR』（Reminders Photography Stronghold）2018／『名取洋之助写真賞　受賞作品　写真集』（日本写真家協会）2017／『祭りのとき、祈りのとき』（私家版）2016

　マイナビジャパンビーチバレーボールツアー2019、東京大会。ポイントが決まるたび、人一倍大きな雄叫びをあげる選手がいた。プロビーチバレーボール選手、小島利治36歳。今から3年前、本格的にビーチバレーボールを始めた。客観的に見れば、遅すぎるスタート。アスリートとしての肉体的なピークも過ぎているはずだ。しかし彼の精神は今一番充実しているという。今回はユニークな経歴をもつ異色のアスリートを紹介したい。
　試合中、彼の手は、とにかくよく動いていた。パートナーにサインを送る、レシーブ、サーブ、オーバーハンドパス、スパイク、パートナーとハイタッチ。ビーチバレーはゲーム展開が非常に速い。パートナーとコミュニケーションをしながら、繊細なボールコントロールとダイナミックで思い切りのよいプレイも求められる。常に集中力が問われるスポーツだ。なぜ彼はこの年になって、プロのアスリートの道を選んだのか。彼が今感じていることを知りたくて取材をさせてもらった。
　ぼくと小島が出会ったのは2006年青年海外協力隊

ビーチバレーボールのコートと小島利治。

の訓練所だった。お互いにスポーツが好きだったこともあり、仲良くなるのに時間はかからなかった。小島は強い信念をもち、自分の思ったことははっきりと伝えるタイプ。そのまっすぐな彼の振る舞いは、見ていてとても気持ちがよかった。

　コロンビアでバレーボールを2年教えた小島は、帰国後も現地に通い続けた。その後、堪能なスペイン語を武器にパラグアイの日本大使館の仕事に就いた。多岐に渡る職務を遂行する中で、自らの強みを生かし、現地のスラム地区の子どもたちや、麻薬中毒から立ち直ろうとする青年たちにバレーボールのワークショップを開催した。

　2016年に帰国。パラグアイの代表と混ざり、一緒に練習したことがきっかけで始めたというビーチバレーの大会に顔を出すようになっていた。そんなあるとき、宮古島で開催された大会で、小島は一人の選手と出会った。西村晃一選手。当時すでに42歳だったが、現役バリバリのトップ選手だった。西村選手を見ておおいに刺激された小島は「年齢なんて関係ない、おれにもできる！　本気でビーチバレーをやってみよう！」と決心したのだった。

　貯金を崩し、パーソナルトレーナー業で生計を立てる傍ら、全ての時間を練習とトレーニングに注いだ。国内公式戦でも徐々に勝てるようになり、結果が出始めてきた。昨年からはスポンサーもつき、プロのビーチバレーボール選手として活動している。

　これから彼はどこへ向かうのか、率直に聞いてみた。

　「勝った先の世界を知りたい、ただうまくなりたい」

　彼の想いは本能とも言えるシンプルなものだった。これまでは社会貢献活動に力を注いできた小島だったが、今は誰のためでもない、自分の純粋な欲求のためにビーチバレーをしている。マイナビジャパンビーチバレーボールツアー2019、対戦相手は今年で46歳になるあの西村晃一選手だった。試合の内容は悪くない、しかし完敗だった。この負けがきっかけでチームを組んでいたパートナーとも解散することが決まった。まだまだ課題もやることも山積みだ。それでも小島は前を向く、彼の挑戦はまだ始まったばかりだ。

重く鈍い音とともに打ち込まれる村田の右ストレート

夢を取り戻した拳

　村田諒太が大阪でリベンジを果たした。昨年10月、ラスベガスで迎えた2度目のWBAミドル級防衛戦で完敗を喫したロブ・ブラントを2回TKOで沈め、再び王者に返り咲いたのだ。

　前回、終始主導権を握られて敗れた相手だっただけに、前評判は高くなかった。敗れれば引退と言われた大一番。入場する彼の決意に満ちた瞳からは、この一戦にかける想いをみた。

　序盤、ブラントに押し込まれる場面もあったが、恐れず前に出てコンビネーションを見舞う。ミドル級ならではの重いパンチが決まる度にアリーナに詰めかけたファンのボルテージが上がる。

　第1ラウンド終了時点で会場は異様な熱気に包まれた。第2ラウンド。「ムーラータ！　ムーラータッ!!」巻き起こる村田コール。それに押されるように前に出る挑戦者。そして、その時はきた。最後は右ストレートが決まりレフリーの手が挙がった。2R2分34秒のTKO。まさに完勝だった。

　一度は閉ざされかけたミドル級頂点への道筋に再び光が照らされた。自分とボクシングに真摯に向かい合い、チーム帝拳と呼ばれる最高の仲間と最愛の家族に支えられながら切り開いた道だ。

[写真・文] **髙須　力** たかす・つとむ
東京都出身。2002年より独学でスポーツ写真を始め、フリーランスとなる。サッカーを中心に様々な競技を撮影。ライフワークとしてセパタクローを追いかけている。日本スポーツプレス協会、国際スポーツプレス協会会員。http://takasutsutomu.com/

[第5回] season2 スポーツの力

学校教育・
実践ライブラリ

Vol. 5

校内研修を変えよう

学校教育・実践ライブラリ　Vol.5

連載

創る—create

48	田村学の新課程往来⑤ 学校という社会資本に求められる「探究」の学び	田村　学
50	続・校長室のカリキュラム・マネジメント⑤ 専門性を読んで学ぶ	末松裕基
52	ここがポイント！　学校現場の人材育成⑤ 学校現場におけるOJTによる人材育成〈その2〉	高野敬三
72	講座　単元を創る⑤ 「縦」と「横」を意識した単元づくり ──見方・考え方の成長の連続を意識する	齊藤一弥
74	連続講座・新しい評価がわかる12章⑤ 評価観点「思考・判断・表現」	佐藤　真
76	学びを起こす授業研究⑤ 大学における授業研究 ──アクティブ・ラーニングの実現を目指して	村川雅弘
86	進行中！　子どもと創る新課程⑤ 地域の教育資源の活用を図った生活科（1年）の展開 ──保護者や地域の人々の協力を得るための体制づくり	鈴木美佐緒

つながる—connect

54	子どもの心に響く　校長講話⑤ 今を変える	手島宏樹
80	カウンセリング感覚で高める教師力⑤ 「わかる」ということ	有村久春
83	ユーモア詩でつづる学級歳時記⑤ 「一人」	増田修治
84	UD思考で支援の扉を開く　私の支援者手帳から⑤ 指導論にまつわる煩悩（1） ──自己理解への支援	小栗正幸
88	学び手を育てる対話力⑤ 対話的学びの授業研究とは	石井順治

知る—knowledge

42	解決！　ライブラちゃんの　これって常識？　学校のあれこれ⑤ 「単」と「元」が合わさるとどうして「ひとまとまり」になるの？［後編］［宮城教育大学教授　吉村敏之］	編集部
44	本の森・知恵の泉⑤ 飲み会における経営者の戦略とは ──『稲盛流コンパ』	飯田　稔
46	リーダーから始めよう！　元気な職場をつくるためのメンタルケア入門⑤ ストレスサインが出現し始めた時のセルフケア〈その2〉	奥田弘美

教育長インタビュー──次代を創るリーダーの戦略Ⅱ④

60	主体的・創造的な力を集め「未来のための今」を創る教育を──［岐阜県山県市教育長］	服部和也

カラーページ

1	Hands　手から始まる物語⑤ 愛知県、36歳、プロビーチバレーボール選手	関　健作
4	スポーツの力［season2］⑤ 夢を取り戻した拳	髙須　力

特集
校内研修を変えよう

●インタビュー
14 「参加者主体」の研修で深い学びと実践力を育てる
　　中村文子［ダイナミックヒューマンキャピタル株式会社代表取締役］

●論考──theme
20 学びの文脈から見たこれからの授業づくりと研修課題 ────── 江間史明

●事例──case
24 国語　読み深める授業づくりを目指して ────── 愛知県小牧市立大城小学校／石井順治
26 社会　教科の本質たる「見方・考え方」を教科内容研究によって見いだし、働かせる
　　　　　　　　　　　　　　　　　　　　　　　　　　　　山形大学附属中学校／江間史明
28 外国語　学級経営力をつけるための校内研修と実践
　　──学級担任による外国語活動を通して　　大阪府東大阪市立上四条小学校／菅　正隆
30 道徳　思いやる心とたくましさを育てる道徳教育
　　──自己を見つめ、他者との関わりを深める指導の工夫　岩手県盛岡市立河北小学校／毛内嘉威
32 カリキュラム・マネジメント　地域と共に持続可能な「本郷学園構想」の実現へ
　　　　　　　　　　　　　　　　　　　　　　　　　　山口県岩国市立本郷小・中学校／村川雅弘

●論考──theme
34 学習指導の改善につなげる評価の視点と研修
　　──パフォーマンス評価をどう活かすか ────── 西岡加名恵

●提言──message
38 アクティブな研修から生み出す教師力 ────── 村川雅弘

エッセイ
8 　離島に恋して！⑤ ────── 鯨本あつこ
　　快適な船旅で島の常連に？
56　リレーエッセイ・Hooray!　わたしのGOODニュース
　　負けてたまるか ────── ［北京オリンピック男子バレーボール監督］植田辰哉
96　校長エッセイ・私の一品
　　太鼓に問う ────── ［高知県室戸市立室戸小学校長］濱窪多美子
　　私の人生を変えたラグビー ────── ［北海道登別市立緑陽中学校長］新沼　潔

ワンテーマ・フォーラム──現場で考えるこれからの教育
夏〜私のGood News
65　夏を振り返り、未来につなげる ────── 礒田かおり
66　振り返りたくなる夏を過ごす ────── 永嶺香織
67　パワフルな先生との出会い ────── 中田智継
68　若手の私にとって貴重な「夏休みの部活動」 ────── 横山弘輝
69　『えほんのせかい こどものせかい』に遊ぶ ────── 大脇康弘

10　教育Insight ────── 渡辺敦司
　　学習科学×技術で教育革新　国研が3年間のプロジェクト
90　スクールリーダーの資料室
　　新時代の学びを支える先端技術活用推進方策（最終まとめ）

離島に恋して！[第5回] リトコイ！

快適な船旅で島の常連に？
五島列島［長崎県］

　島に出掛けるには乗り物に乗らなければなりません。その多くは船ですが、漁船のように小さな船でも、何百人も乗れる大きな船でも、乗り物酔いを誘発するような独特の燃料臭や、雑多な雰囲気はつきものなので、船が苦手という方もいるかもしれません。幸い、私は三半規管が鈍いのか、ジェットコースター並みに揺れる船でも乗り物酔いになることがなく、年季の入ったワイルドな船に乗ったなら、そのワイルドさを楽しんでいられます。

　ただ、小さな子どもを連れ立って行く島旅だと、ワイルドさにも限度があるようで、台風通過後の天候のなか、鹿児島の奄美大島から小型チャーター船でトカラ列島の宝島に渡ったときには、葛飾北斎が描いた荒波さながら、船底がどっかんどっかんと打ち付けられる船旅が2時間半。当時、2歳だった娘は泣くこともできず私にしがみついていました。

　下船後、真剣な顔で「小さい船はこわい。もう乗らない」と訴えられ、帰路で乗った中型フェリーは「大きいからこわくない」と大喜びでした。離島地域を取材しながら、自然と人との距離が近い人々の営みを見つめつづけている仕事柄、「それも自然の中で生きることだよ」と伝えたい気持ち半分、トラウマ

いさもと・あつこ　1982年生まれ。大分県日田市出身。NPO法人離島経済新聞社の有人離島専門メディア『離島経済新聞』、季刊紙『季刊リトケイ』統括編集長。地方誌編集者、経済誌の広告ディレクター、イラストレーター等を経て2010年に離島経済新聞社を設立。地域づくりや編集デザインの領域で事業プロデュース、人材育成、広報ディレクション、講演、執筆等に携わる。2012年ロハスデザイン大賞ヒト部門受賞。美ら島沖縄大使。2児の母。

NPO法人離島経済新聞社
統括編集長
鯨本あつこ

になっても困るので、幼いうちのワイルド旅はそこそこにしておこうかと思いました。

そんな娘は、生後3か月から親の島旅に付き合いつづけ、4歳にして50島以上の島旅に付き添ってきました。そんな彼女は、何十種類もの船や飛行機に乗っていますが、彼女が最も気に入っているのが「太古丸」の愛称で親しまれている船。博多港から五島列島の島々を結ぶ定期船・フェリー太古です。

23時45分に博多港を出港して、船のなかでゆっくり休めば翌朝8時すぎには終点五島列島の福江港に到着します。21時には乗船できるので、港に隣接するスーパー銭湯で夕飯とお風呂を済ませて乗船。下手なビジネスホテルよりも数段立派なエントランスを抜けて、個室にチェックインすれば、幼児を連れた4人家族でものんびり快適に移動できるのです。

船内には、誰でも利用できる展望ラウンジにキッズルームもあるので、子どもたちも飽きることなく時間を過ごしています。そんな太古丸が寄港するのは、長崎県の宇久島、小値賀島、中通島（新上五島町）、奈留島、福江島の5島。7月は福江島取材の帰りに、博多へ戻る太古丸を途中下船して宇久島に寄り、家族で民泊を楽しみました。

福江島から博多に戻る太古丸は日中に航行するので、10時すぎに福江島を出発して14時前には宇久島に到着します。

五島列島は、海の幸にも山の幸にも恵まれる食材の宝庫です。民泊でお世話になったお宅では、仕掛けていた網から獲ってきたばかりというお魚にウニ、お母さんお手製の果実酒などを堪能しました。

帰る日のお昼時、港近くの食堂でちゃんぽんを食べていると、隣席に博多から通っているという、にぎやかな常連客がいました。彼らは太古丸に乗って宇久島を訪れては、朝から美味しいお魚を食べ、お酒を飲み、島の人たちとの会話を楽しんでは、また太古丸に乗って帰るそう。島と太古丸が大好きな娘は、数十年後、こんな趣味を見つけるのかもしれません。

写真左●民泊での夕食。新鮮なお刺身にお煮付け、島で採れた野菜などを囲む食卓はとても豪華
写真右●太古丸では、子どもたちはキッズスペース、大人は展望ラウンジでお酒を飲むという贅沢な時間も過ごせる

●**有人離島専門フリーペーパー『ritokei』**●
有人離島専門メディア『ritokei（リトケイ）』では、「つくろう、島の未来」をコンセプトに400島余りある日本の有人離島に特化した話題のなかから、「島を知る」「島の未来づくりのヒントになる」情報をセレクトして配信しています。
ウェブ版 www.ritokei.com

教育Insight

学習科学×技術で教育革新
国研が3年間のプロジェクト

教育ジャーナリスト
渡辺敦司

　国立教育政策研究所（国研、中川健朗所長）はこのほど、「高度情報技術の進展に応じた教育革新に関する研究プロジェクト」（研究代表者＝猿田祐嗣・初等中等教育研究部長）を開始した。

　人工知能（AI）など先端技術を活用して「学びの個別最適化」を図るEdTech（エドテック、Education＋Technology）は諸外国でも取組が進んでおり、日本でも2017年6月の「未来投資戦略」に盛り込まれて以来、政府全体の課題になっている。既に医療分野では、昨年5月に「医療分野の研究開発に資するための匿名加工医療情報に関する法律」（医療ビッグデータ法）が施行されている。

　資質・能力の育成にシフトした新学習指導要領が全面実施に入る中、教務系や校務系、さらには学校外とも統合したビッグデータを活用して現場の授業改善に役立てる「教育革新」に、今後ますます期待が高まりそうだ。

●EdTechを授業改善に

　EdTechをめぐっては18年6月15日の「未来投資戦略2018」に連動する形で、文部科学省の大臣懇談会が省内タスクフォース（特別作業班、TF）報告書「Society 5.0に向けた人材育成〜社会が変わる、学びが変わる〜」を、経済産業省の「『未来の教室』とEdTech研究会」が第1次提言

を相次いでまとめた。以来、経産省は独自に事業者主体の「未来の教室」実証事業を行っている。

　今年に入っても、6月25日に文科省が「新時代の学びを支える先端技術活用推進方策（最終まとめ）」を、経産省が「『未来の教室』ビジョン」（第2次提言）を公表した。中央教育審議会では4月の諮問に基づいて初等中等教育の包括的な在り方を審議しており、5月の教育再生実行会議第11次提言にある「技術の進展に応じた教育の革新」をどう落とし込むかも課題になっている。

　ただし、経産省が①学びのSTEAM（科学、技術、工学、芸術、数学）化、②学びの自立化・個別最適化、③新しい学習基盤づくり──を3本柱に据える一方、文科省は「多様な子供たちを『誰一人取り残すことのない、公正に個別最適化された学び』の実現」を掲げるなど、両者には温度差もある。

　これに対して国研のプロジェクトは、「教育革新＝『ペダゴジー（学習科学等）』×『テクノロジー』による資質・能力の向上」と位置付け、人工知能（AI）やビッグデータなど高度情報技術の進展に応じた教育革新の展望と実現に向けた課題を整理し、克服の道筋を探るため産官学連携による実証的な政策研究を目指している。

　3年計画のプロジェクトは、東京大学高大接続研究開発センターCoREFユニット（旧大学発教育

支援コンソーシアム推進機構）などとも連携しながら▽フェーズ１：展望と課題把握▽フェーズ２：焦点化された課題の展望と課題把握▽フェーズ３：焦点化された課題解決の道筋検討──の各段階で調査・ヒアリングや中間報告、シンポジウム開催を行いながら検討を進め、21年度中に最終報告書を刊行することにしている。

●キックオフでシンポも

７月９日には文科省内でプロジェクトのキックオフ（開始）としてシンポジウム「高度情報技術を活用した教育革新の展望と検討課題」も開催された。

開会あいさつで中川所長は、進展する高度情報技術を学校教育に積極的に取り入れるためには教育学的検証と社会実装の双方を同時進行させる必要があるとして、学校や大学、民間教育研究所などが連携・協力して論点を整理・共有してネットワークを広げるよう期待を述べた。桐生崇・文科省初等中等教育局企画官（学びの先端技術活用推進室長）は６月の最終まとめをめぐって、技術があるから使うというより、今ある技術を広く活用していけば目的を達成できると説明した。

シンポでは事例紹介や講演、パネルディスカッションが行われた。京都市教育委員会は、NECや京都大学と連携して「未来型教育京都モデル実証事業」を実施。小・中学校の協働学習で授業者や児童生徒が発話した内容をAIマイクがリアルタイムで文字に起こして学びのプロセスまで可視化し、研究成果を指導案や評価規準に落とし込むことなどを目標にしているという。

大学入試センター試験や全国学力・学習状況調査の問題を児童生徒がどう解いているかを研究している益川弘如・聖心女子大学教授は、教科学習の効率化のためにAIドリルを導入したとしても

「誰かに用意された範囲内だと（学びの）世界が小さくなる」と注意を促し、学びの多様さを生かすために高度技術を活用するよう訴えた。

日本学術会議で「ラーニングアナリティクス」の在り方を検討する緒方広明・京都大学学術情報メディアセンター教授は、これを「情報技術を用いて、教員や学生からどのような情報を獲得して、どのように分析・フィードバックすればどのように学習・教育が促進されるかを研究する分野」と説明。ただし、国全体で▽どのようなデータをどのように使えば教育・学習に効果的か、まだ整理されていない▽個人情報の扱いなど、教育データをどう集めるか方針が決まっていない▽教育データを十分に使って効果的な授業を行える教員が養成されていない──などと明かした。

白水始・東大CoREF教授（国研客員研究員）は、テスト結果だけでは教育データとして「薄い」と指摘するダニエル・シュウォルツ米スタンフォード大学教育学部長へのインタビュー映像を紹介しながら「人はどうやって学ぶか、私たちは分かっていなかった」と注意を促し、豊富な学習データから学習科学に基づいて授業改善のPDCAサイクルを回すよう提案した。

美馬のゆり・公立はこだて未来大学教授は、産業界で競争力強化のためにデジタル技術を活用して新たなビジネスモデルを創出する「デジタルトランスフォーメーション」（DX）に対して、「ラーニングトランスフォーメーション」（LX）では人の活動の全てを学習の機会と捉え、生涯にわたる学習環境をデザインすることが重要だとした。

堀田龍也・東北大学大学院教授は、教員を増やすことも「無理」な時代の教育や学校を考える上でもダイバーシティー（多様性）やインクルージョン（包含）が重要だとした上で、「日本の教師の生きざま」も含めた研究に期待をかけた。

現場発！ 教職員一丸の学校づくりを実現する新発想！

「学校経営マンダラート」で創る新しいカリキュラム・マネジメント

大谷俊彦［著］

B5判・定価（本体2,000円＋税）送料300円 ＊送料は2019年6月時点の料金です。

カリマネ、資質・能力育成、チーム学校。新課程の諸課題に答えます！

◆「学校経営マンダラート」とは
アイデア発想法としてデザイン界で開発された「マンダラート」。ロサンゼルス・エンゼルスの大谷翔平選手が花巻東高時代に、自らの目標達成シートとして活用したことが大きな話題となっています。「学校経営マンダラート」は、これをカリキュラム・マネジメントに応用した独創的な「カリネマ」手法です。

◆「どのように役立つ」？
「学校経営マンダラート」の作成法、活用法、PDCAの手法などを詳細に解説。これに基づいて著者が校長として取り組んだ本山町立嶺北中学校の実践や成果を紹介。実践的・効果的な学校運営の手法を提案し、学校現場を強力にサポートします！

基礎・基本を踏まえ、実効のある授業づくりに挑戦する、教師のためのサポートブック！

新教育課程を活かす
能力ベイスの授業づくり

齊藤一弥・高知県教育委員会［編著］

A4判・定価（本体2,300円＋税）送料350円
＊送料は2019年6月時点の料金です。

◆指導内容ありきの授業から、
「育てたい**資質・能力**」を起点とした授業へ！
学びの転換に求められる教師の
「勘どころ・知恵・技」を凝縮。

 株式会社 **ぎょうせい**

フリーコール
TEL：0120-953-431［平日9〜17時］　**FAX：0120-953-495**

〒136-8575　東京都江東区新木場1-18-11　　https://shop.gyosei.jp　　ぎょうせいオンラインショップ

特集

校内研修を変えよう

新教育課程では、「見方・考え方」の育成や「主体的・対話的で深い学び」などの授業の質的転換が求められ、教師には新たな学びに即した授業づくりの力が必要不可欠です。そのために校内研修で取り組むべき課題とその具体とは──。教師のやる気と子供の深い学びを引き出すこれからの校内研修のヒントを探ります。

● インタビュー
「参加者主体」の研修で深い学びと実践力を育てる
中村文子［ダイナミックヒューマンキャピタル株式会社代表取締役］

● 論 考──theme
学びの文脈から見たこれからの授業づくりと研修課題

● 事 例──case
［国 語］読み深める授業づくりを目指して
　　愛知県小牧市立大城小学校

［社 会］教科の本質たる「見方・考え方」を教科内容研究によって見いだし、働かせる
　　山形大学附属中学校

［外国語］学級経営力をつけるための校内研修と実践
　　──学級担任による外国語活動を通して
　　大阪府東大阪市立上四条小学校

［道 徳］思いやる心とたくましさを育てる道徳教育
　　──自己を見つめ、他者との関わりを深める指導の工夫
　　岩手県盛岡市立河北小学校

［カリキュラム・マネジメント］地域と共に持続可能な「本郷学園構想」の実現へ
　　山口県岩国市立本郷小・中学校

● 論 考──theme
学習指導の改善につなげる評価の視点と研修
　　──パフォーマンス評価をどう活かすか

● 提 言──message
アクティブな研修から生み出す教師力

インタビュー

中村文子 氏
ダイナミックヒューマンキャピタル株式会社代表取締役
ザ・ボブ・パイク・グループ マスタートレーナー

「参加者主体」の研修で深い学びと実践力を育てる

　「退屈で身にならない研修を減らしたい」——。中村文子氏は、参加者が主体的に取り組め、深い学びを得ながら実践化できる研修活動に取り組んでいる。その手法は５つの「学習の法則」や、KSAといった学習プロセスに結び付く確かな基盤をもっている。アメリカで「レジェンダリー・スピーカー」と称されるボブ・パイク氏との邂逅を得て、参加者が自ずと学びを起こす研修デザインを開発し、産学を問わず広く活躍中だ。そんな中村氏に、効果的な学びをつくる研修の在り方・取り組み方について聞いた。

写真・島峰　譲

特集 ● 校内研修を変えよう ●

研修はイベントではなくプロセス

■研修の意義

——そもそも研修というものをどのように捉えていますか。

　まず、私たちは研修を"受ける"という言葉は使いません。受講生も参加者と呼びます。今日この日のワークショップ、イベントに参加する人という意味です。研修は結果を出すために行うものであり、結果というのは、研修に参加した人が職場に戻ったときに実際に活用してみて、何かビジネスにプラスになるものを得られること、それが結果だと考えています。

　つまり、知識の習得とかスキルの獲得が目的なのではなく、何かこれまでとは違うことをやって、新たな成果を得られるというところまでが研修だと思っているのです。その意味で、研修はイベントではなくてプロセスなのです。研修に来て学んで、職場に戻って実践し、結果を出すところまでが研修と考えています。

参加者主体の研修とは

■5つの学習の法則

——5つの学習の法則について教えてください。

　参加者主体の研修とするため、私たちはボブ・パイク*が開発した5つの法則を基盤とした研修デザインを行っています。

5つの法則とは、

1　学習者は大きな身体をした赤ちゃんである
2　人は自分が口にしたことは受け入れやすい
3　習得はいかに楽しく学ぶかに比例している
4　行動が変わるまで学習したとは言えない
5　くわっ、くわっ、くわっ

というものです。

　例えば、法則1の「学習者は大きな身体をした赤ちゃんである」は、学習者は経験や体験から多くを学ぶということです。年齢を重ねてくると座学で学ぶ機会が多くなり、体験から学ぶということが減ってきます。しかし、大人になっても実は体験から学ぶことはとても多いのです。試行錯誤しながら体験を積み上げて多くを学んでいくというのは幼児の学びと一緒です。しかも、大人は知識ももっているので、体験と知識を最大限に活用した深い学びが可能になります。そのために、知的好奇心とか、学ぶことに対する興味を刺激して、新たな学びを積み上げることを目指すのが法則1の考えです。子供と同じように、やってみて分かることがたくさんあるということなのです。

　また、法則2の「人は自分が口にしたことは受け入れやすい」は、人から言われたことよりも自分で発言したことの方が「自分事」になるということで、コーチングにも通じる考えです。研修の場面では、講師がアドバイスや指図をするのではなく、何かしら考える場を提供して、自分で答えを出すことを促します。参加者はそれを職場に持ち帰って自分は何をしようか、学んだことをどう活用しようかと考えます。自分で言ったことなので「自分事」になる、自分で納得できる実践につ

学校教育・実践ライブラリ〈Vol.5〉　15

ながるわけです。そのために、学んだことを主体的に実践に移せるように研修をデザインしていきます。

それから、法則5の「くわっ、くわっ、くわっ」は、自ら学んだことを口に出して言えること。自分が習得したことを、他の人に教えられるレベルになって初めて本当に習得したことになる、というものです。分かったつもりになっていても、他の人に教えようとしたら、本当に深く理解していないと教えられません。セリフとして覚えている知識は身に付かないのです。自分の中で咀嚼し、深く理解し、実践してみて初めて、他の人に教えられるレベルになります。

私たちの活動は、この5つの法則を踏まえた研修デザインを開発していくことで、参加者が主体的で、かつ深い学びに到達できる研修を目指しています。

——KSAとは。

KSAとは、「Knowledge：知識」「Skill：スキル」「Attitude：態度・姿勢」のことで、教える内容の3要素です。研修デザインの世界では一般化されており、人が学ぶ上で必要なものと捉えられています。車の運転を例にとると、車の基本構造を知っていても運転はできません。エンジンをかけたり、発進したりといったスキルを身に付ければ運転はできるようになります。しかし、その人が運転することに興味がなかったり、安全運転をしようと心がけなければ、実際に運転をしてみることはありませんし、事故を起こす可能性も高くなります。

つまり、人は知識とスキルを身に付けたとして

も、気持ちが伴わないと主体的に実践しようとはしません。研修で、いくらいい話を聞いても行動は変わらないのです。

例えば、会社で部下育成の研修を行ったとします。ベテラン社員であれば、部下育成が必要とは分かっているでしょう。しかし、それよりも自分の仕事のスキルを上げて成績を上げた方が見返りが多いとなればそちらに行くわけです。気持ちが伴わなければ動かないのです。ですから、研修の場面では、実践したいという気持ちをどうつくっていくかが大事になります。

——やる気を起こす気持ちにさせる秘訣は。

例えば、大学でアクティブ・ラーニングを学んでいただくときに、参加者の立場でアクティブ・ラーニングを体験できるように研修をデザインし、実践します。アクティブ・ラーニングのよさや、取り組むことのメリットを体感できる研修をデザインにするのです。話を聞いたり本を読んだりするだけではイメージに留まってしまいますが、見たものや体験したことは真似がしやすいのです。

さらに、それがポジティブなイメージとして受け入れられるようにする必要があります。楽しくて退屈しない、確かにそれを体験的に学んでいくと知識やスキルも一緒に身に付いてくる、そうした実感があって自分もやってみようと思えてきます。そのためには、緻密な研修デザインが欠かせません。その日の研修だけで何かができるようにしようといった、出たとこ勝負の研修はあり得ないのです。

ポジティブな環境をつくる

■研修環境の在り方

——研修には環境づくりも必要と言われます。

　研修を行う上での環境づくりというと、物理的な環境も大事ですが、安心して学べるポジティブな環境をつくることは特に大事です。参加者が意見を否定されない、受け入れてもらえる、失敗しても許されるなどといった環境づくりは必要です。例えば、参加者も講師もともに否定されない状況をつくるためには、問いの立て方がとても重要になります。講師が話題を提供して、それに対しての意見を求めたり、「どれが正しいと思いますか」といった問いかけをすると、参加者が間違えた回答をしたり、否定的な意見を出して、講師と参加者が意見を戦わす場面をつくってしまうリスクがあります。研修自体をポジティブな場面にもっていくためには、「この考えについてのメリットにはどんなことが考えられますか」といった問いを立てると、参加者は前提を問題にせず、メリットを考えてくれるようになります。また、個人的な意見を求めず、グループで考えてもらい、まとめた答えを発表してもらうなど、反論・否定のない流れをつくっていくことも研修をポジティブな環境にするためのデザインなのです。

——研修講師として大事にしていることは。

　参加者が研修で学んだことをどの場面で実践するかを研修の中で決めていくことは大事です。研修が終わると短期記憶は忘れられがちになります。そこで、研修中に、スモールステップで書き留めたり、具体的に実践に移すことをこまめに書き込んでいくことを勧めています。つまり、持ち帰りの多い研修にすることを目指しているのです。また、ポジティブな体験にならないとやってみようとは絶対に思いません。研修が終わったときに、実際にやってみようという気持ちも一緒に持って帰ってもらえるようにすることを大事にしています。

退屈で身にならない研修を減らしたい

■ボブ・パイクとの出会い

——人材育成の道に進んだきっかけは。

　学生時代は外国語大学で英語を専攻していましたが、当時から日本語教育に興味をもっていたので、大学卒業後の最初の仕事は日本語教師でした。外国人留学生に日本語を教える仕事でしたが、人と関わる仕事がもともと好きだったので、自分の

退屈で身にならない研修はいらない。
主体的でポジティブな研修が深い学びをもたらすのです。

特集 ● 校内研修を変えよう ●

将来のキャリアを考えたときに、もう少し広い、人の育成に関わりたいと思い、企業に入って人事の仕事に進むことにしたのです。これが人材育成に進むきっかけとなりました。ただ、人事部というところは、人材育成の仕事もありますが、採用や労務管理もあって、人事部のスタッフとしてはそれらを全部やらなければなりません。人材育成だけを専門とすることは許されなかったのです。しかも、企業の人事部のキャリアアップは、そうした様々な人事業務をこなしながら出世していって、人事部長がその最終地点ということが多いです。私は、そうしたキャリアアップには興味がなく、人材育成や組織づくりに特化した仕事をしたいと思っていました。そこで、起業した方が自分の思いが実現しやすいと思い、独立して研修会社を立ち上げました。

その直後に出会ったのがボブ・パイクでした。ボブはアメリカでレジェンドといわれるスピーカーで、研修講師を育てる独自のメソッドをもつカリスマ的存在です。そこで、2006年にアメリカで彼のカンファレンスに参加しました。1000人くらいいるシアター形式の90分程度のセッションでした。普通なら講師が90分一方的に話すという講演スタイルが多いのですが、ボブは緻密なデザインとファシリテーションで1000人の聴衆を惹きつけました。しかも、派手なパフォーマンスではなく、物静かな語り口でまるでボブと対話をしているかのような研修でした。そこで私は、参加者が主体的になる研修を実体験したのです。そのセッションに衝撃を受けました。そこからボブの手法をもっと学びたいと思い、その後、ボブの研修を受けたり、

日本で研修講師をやらせてもらう交渉をしたりしました。そして、ライセンスを取ってボブのノウハウを提供することになり、現在に至っています。

──今後の抱負を。

世の中から退屈でつらい研修を減らしたい、それが自分のライフワークだと思っています。参加者全てがポジティブに自分の人生を切り開いていけるきっかけを提供できればと思っています。さらに今後は、人に教えることを仕事としていなくても、自分の得意や強みを世の中と共有したいと思っている人たちに、教え方や伝え方を学んでもらうことで、自分がもっている素晴らしい能力をシェアできることのお手伝いを、何らかの形でできればと思っています。　　（取材／編集部　萩原和夫）

＊ボブ・パイク
ボブ・パイク・グループ創設者・元会長。「参加者主体」の研修方法についての著書『クリエイティブ・トレーニング・テクニック・ハンドブック　第３版』（現『Master Trainer Handbook』）は講師養成の分野でのベストセラー。ほかにも20冊以上の著書をもつ。「参加者主体」の研修方法は全世界30か国以上で12万人以上が受講している。アメリカで優れたスピーカーに与えられる称号CSP（Certified Speaking Professional）をもち、人材開発の世界的機関ATD（Association for Talent Development）ではレジェンダリー・スピーカーとして称えられている。人材開発、講師養成の分野で50年の経験をもち、2007年には、人材育成分野で最も影響を与えたリーダーに贈られる賞を受賞している。

Profile
なかむら・あやこ　神戸市外国語大学を卒業後、P&G、ヒルトンホテルにて人材・組織開発を担当後、2005年にダイナミックヒューマンンキャピタルを設立。クライアントは製薬、電機メーカー、保険・金融、販売・サービス業、さらには大学・学校と多岐にわたる。「世の中から、退屈で身にならない研修を減らす」ことをミッションに、講師・インストラクター・社内講師養成、研修内製化支援に注力。教育制度構築、階層別研修、コミュニケーションスキル研修などの分野でも活動中。著書に『講師・インストラクターハンドブック』（共著）など。

学校教育・実践ライブラリ〈Vol.5〉　19

theme 1

学びの文脈から見たこれからの授業づくりと研修課題

山形大学教授
江間史明

　学びの文脈から校内研修を見たとき、課題は二つある。一つ目は、子どもの学びの事実を授業からどう取り出すかである。二つ目は、子どもの学習を改善する課題をどう明確にするかである。筆者が関わった山形県の二つの学校の事例から考えてみたい。

大蔵中学校の英語の授業

　大蔵村立大蔵中学校２年生英語の授業である。to不定詞の単元（９時間）の１時間目。本時の目標は、「to不定詞の意味と形について理解することができる」である。

　授業が始まると、生徒はグループになり、各グループに封筒１〜６が渡された。一つの封筒には、to不定詞の用法（名詞、形容詞、副詞）のいずれかを用いた英文を、いくつかの言葉にバラバラにした英文が入っている。教師の指示は、次のとおりである。"Reorder the words and write the sentences and guess the meanings."

　グループで相談しながら、生徒は、なかなか苦戦しながら取り組んでいく。次のような英文が生まれていた。「/」は、カードの切れ目である。

- We / went / to / Tsuruoka / watch / to / a badminton tournament /.
- We / went / to / watch / a badminton tournament / to / Tsuruoka /.

　教師からは、「日本語に訳せるかな」「意味のかたまりはどれ？」といった声がかかる。

　あるグループでは、「鶴岡にバドミントンの試合を見に行った」という意味はつかんでいた。教師から「おー、意味はあっている」と言われて、「よし」と言って次の英文を書いた。

- We / went / to / watch / to / Tsuruoka / a badminton tournament /.

　20分後、六つの英文ができたグループから、教師が正答の書いてあるプリントを配り始める。プリントを見たグループの生徒から、「全部違う」「３は当たってた」「ぼろ負け」「なんでだよぉ」という声が聞こえてくる。この後、教師は、「実は……」と言って、to Tsuruoka の前置詞 to と to watch の to不定詞の意味の違いを取り上げて、to不定詞の用法の意味について説明を加えていって、授業は終わった。

大蔵中学校の校内研修が提起する課題

　大蔵中の研究主題は、「ともに学び合う授業の創

[特集] 校内研修を変えよう
■ theme 1 ■

造」である。授業では、参観する教師は、注目した生徒の姿をデジカメで撮影している。事後研究会では、グループに分かれ、各自が撮影した写真を示し、その生徒の学びの姿を語るという取組を行っている。

森田智幸によれば、「静止画は、ビデオカメラによる記録以上に、撮影者による授業の解釈を引き出す装置として機能する」(江間・森田2014)。写真を語るときの視点は、次のものである。「グループ学習で周り（授業者や教材を含む）とどのように関わりながら学習を進めていたか」「生徒の力が引き出された（学びが深まった）課題や場と環境の工夫」などである。

この英語の事後研究会では、参観した教師から次の2点の指摘があった。第一に、生徒たちが、言葉を並び替えて英文を整えるのに、試行錯誤しつつ粘り強く取り組んでいたことである。できた英文がなにかおかしいと違和感があると、何度も言葉を入れ替えていた。正答のプリントが配られても裏返しにして自分たちの活動を続けていたグループもあった。

第二に、正答のプリントを見たとき、生徒から強い反応があったことである。Y君は、「全部ちがう、なんでだよ、ふざけんなよぉ」と素直に声に出していた。粘り強く考えて作った英文が、「当たったか」「間違ったか」という二分法で粗く処理されてしまっていた。ここで、「なんでだよぉ」という生徒の問いかけは生まれている。であれば、この問いかけに沿って展開できなかったかという指摘があった。

ここで、教師が写真をもとに各々の生徒の学びの文脈を語り、課題が明らかになっている。生徒は、言葉のカードを、意味のまとまりに整理して、整合的な英文にしようと頑張っていた。生き生きとした学習活動があったと言ってよい。ところが、この生徒の真っ当な学習活動が報られていない。これをどう考え、改善できるかという課題である。

次の2点を指摘できる。第一に、正答を示したあと、生徒からは「なんでだよぉ」という言葉が生まれている。しかし、

教師は、答えの英文を使って説明に入っていく。実は……、実は……と、繰り返し、「しゃべりすぎた」と自評する事態になっていた。これは、どうしてか。本時の目標が狭かったように筆者には見える。本時の目標は、「to不定詞の意味と形について理解することができる」であった。前置詞toと区別して不定詞toの用法を理解してもらうことを教師は意図していた。ここから授業後半が、説明一辺倒になったと言える。

では第二に、生徒が取り組んだ言葉の並べ替えの活動を生かす授業展開はどのようにありえたか。生徒の作った英文を見ると、前置詞toを「〜へ」という方向性を指示する意味で捉え、「意味のまとまり」を考えている。この前置詞toと不定詞toを連続的に捉えることはできないだろうか。ここに教師の教育内容研究の研修課題を指摘できる。

学習者が整合的でイメージ豊かに英語文法を把握する大切さを強調した若林俊輔（1982）は次のように言う。

「〈to＋動詞の原形〉の用法は、名詞的用法、形容詞的用法、副詞的用法に分けられる。それらに共通して言えることは、toは関心または話題への方向性を示す前置詞であり、動詞の原形以下はその具体的内容を示していることである。したがって、〈to＋動詞の原形〉の中で使われている動詞の原形も、……働きの上からは名詞に近い」

例えば、We went to Tsuruoka. という文は、went（行った）の方向が、鶴岡の方を向いている。We went to watch a badminton tournament. という文は、went（行った）という動作の方向が、watch a badminton tournamentの方を向いている。行って何をしたかという具体的な内容が述べられ、この目

theme 1

的にかなう方向で「行った」(went) という動作をしたのである。ここで、toを触媒として動詞が名詞化するのがto不定詞だと捉えることができる。このように考えれば、I want something to drink. という文は、something の方向がdrink を向いていると言える。同じ考え方で一貫して捉えることができる。二つのtoを、文法上形式的に区分するという教育内容によるのか、それとも、発話者の伝えたい用件（〜へ行った）をもとに文の中の機能から二つのtoを連続的に捉えるのか。教師の教育内容の捉え方によって、生徒の学びの文脈は変わり、学習活動の意味付けは変わるのである。

天童中部小学校の道徳の授業

天童市立天童中部小学校の3年生道徳の授業である。題材名は、「正しいことは自信をもって―善悪の判断、自律、自由と責任」である。教材は「あと一言」（学研）である。

> ゲームにあきて、黒田君が「ぼく」に、「ぼうけんごっこをしよう」と誘う。となりの家のへいの上を歩こうというものである。谷沢君も「おもしろそうだな、木下君もやるよな」と言う。「ぼく」は、家の人にとめられていたので、こまって、「やっぱりやめとく」と小さな声でことわる。黒田君と谷沢君は、「いくじなし」「君とはもう遊ばない」と言った。「ぼく」は、2人と別れてはらをたてながら家に帰った。玄関に入ると、お母さんが、顔色をかえて、黒田君と谷沢君がへいからすべり落ちて大けがをしたことを伝える。「えっ、ぼくとさっきまで一緒だったんだ」と言って、「ぼく」は遊んでいたときのことを話した。お母さんは、「えらかったけど、でも、少し足りなかったわね」と言った。

教師は、注意して友達をとめるという正しい行動を本当にとれるかを考えてもらい、正しいと判断したことは自信をもって行えるようになってほしいと意図していた。

授業の冒頭、教師は、S君に下校中の出来事を語ってもらった。「6月くらいの下校中、下校のルートと違う道を行こうと友だちに誘われて、やめた方がいいんじゃないと言ったけど。聞いてくれなくて。1人で帰った」という話である。教師が、似た話が道徳にあるとして、教材を読んでいく。子どもたちは、それぞれテキストを集中してたどっていた。

「ぼくは、なんで友達の誘いをことわったの？」と教師が尋ねると、次の意見が出た。

「けがとかして、そのへいの家の人がいて、おかあさんに言われたら、おかあさんがかわいそうだから、やめておいた」（W君）／「家の人にとめられていたと教科書に書いてある。へいにのぼったら家の人に怒られると思ってやめといた」／「自分も友だちもけがをするから、自分が危険だって判断してやめた」／「へいにのぼるのは不法侵入。知らない人の家に入ると、親とかおじいちゃんがつかまる」／「人の家にのぼったりするのは不法侵入。家の人に見つかって、怒られる。ぼくは注意しなかった」（K君）。

教師が、「どういうこと？」とたずねると、K君は続けた。「ぼくも正しくない。友達にあぶないよと伝えていない。それが、あと一言だと思う」。

教師は、「みんなならできる？ とめられる、とめられない？」と問いかける。え？ できない、できる、自己責任だ、といった声が交錯する。子どもたちからは、「ちがうことして遊ぼうよと言う」「むりやりやめさせる。けがをすると病院に行って、おかあさんが悲しむ」（W君）などの方法についての発言が続き、振り返りを書いて授業は終わった。

[特集] 校内研修を変えよう
■ theme 1 ■
学びの文脈から見たこれからの授業づくりと研修課題

天童中部小の校内研修が提起する課題

　天童中部小は、「子供理解に基づく教師のアプローチ」を研究主題に位置付け、本時の授業は、「子供主体のための教師の出、待ちについて」を協議のポイントとしていた。教師の出という点から、子どもの学びの文脈を考えるものと言える。教師は、グループに分かれて協議を行い、話した内容を画用紙にまとめて発表し共有していた。

　例えば、次のような指摘があった。第一に、授業の後半が、「どうやってとめるのか」というやり方・方法を考える場になっていた。そこからさらに、一歩踏み込むにはどうできたか。第二に、自己責任だという子どもの言葉が気になる。危ないのにやりたいと言ったら、放っておいていいのか。ここは、子どもたちと考えたいところではないか。

　子どもたちの声をできるだけ聞き取ろうという姿勢を天童中部小の教師集団には見ることができる。だが、教師の出の具体的な場面の議論はこれからの課題である。この授業での教師の出として考えるべき点は、次の2点である。

　第一に、本時では「善悪の判断」という道徳的価値の理解の質を高めることが課題になっている。子どもたちは、この授業で「ぼく」の判断理由を多様に示した。3年生の子どもは、家の人やお母さんという対人関係の中での判断基準が大きいことがうかがわれる。教師の出としては、これらの発言の中で、W君の発言の意味を考えられるようにすることができる。W君は、母親を「怒る」存在ではなく、その人を「悲しませたり心配をかけたりするのはよくない」存在と捉えている。自分が危ないか、大人に怒られるかではない。自分を大切にしてくれる他者に心配をかけたり悲しませたりすることは正しくないというのが判断の理由である。W君がこう発言する

背景も、当然ある。彼の発言の意味を考えることで、他者との相互関係の次元での判断を充実させることができる。

　第二に、子どもの「自己責任」という発言である。S君の下校中のエピソードも、「やめた方がいいんじゃない」とまでは言うが、相手が聞いてくれなければ「1人で帰る」というものである。「自由に伴う自己責任の大きさ」については、道徳の5・6年での指導内容に関わっている。だが、3年生の子どもたちの日常にも、浸透している言葉である。この言葉を5・6年で考える前提として、3・4年で、他者との相互関係の次元での判断を質的に高めておくことを考えることができる。その行為をしたら誰がどんなふうに悲しむのか。例えば、S君がW君の判断理由を受け止めることで、友達に語りかける内容に変容を促していくことを考えることができる。教師の出は、道徳的価値の理解をどう高めたいかという教師の内容理解と、発言の背景を洞察する子ども理解に支えられている。

　以上の二つの事例は、子どもの資質・能力を高めるために校内研修で教科等の内容研究をさらに深めるという課題を示していると言える。

[参考文献]
・江間史明・森田智幸「授業を撮る」『シリーズ学びの潮流5　教師として生きるということ』ぎょうせい、2014年
・若林俊輔『わかる英語Ⅰ』三省堂、1982年

Profile

えま・ふみあき　1960年静岡生まれ。早稲田大学教育学部卒、東京大学大学院教育学研究科を単位取得退学。近畿大学講師、山形大学助教授を経て現職。専門は、教育学、社会科教育。著書に、『教科の本質から迫るコンピテンシー・ベイスの授業づくり』（共編著、図書文化社、2015年）などがある。

case 1

●国　語

読み深める授業づくりを目指して

「学び合う学び」の授業づくり

　本校は、小牧市東部にある児童数290名の小学校である。本校では、「生き生きと　主体的に　活動する子どもの育成をはかる」をテーマに、子どもたちが自ら学力を獲得する力を育てることを目標として、「学び合う学び」の授業づくりに取り組んでいる。

　互いの存在や個性を認め合える子どもが育つ学級を基盤に、相手の考えを聴いたり、自分の考えを伝えたりと相互に関わり合う学習の中で、子ども一人ひとりがしっかり学ぶ授業づくりを目指している。実際の授業の中では、課題に対してじっくりと考えた上で、「分からない」から出発し、子どもの分からなさや困り感に寄り添って授業を進めている。教師は、子どもたちの声やつぶやきに耳を傾け、意見をつないだり、笑顔でほめたりしながら豊かに語り合える授業づくりに努めている。互いに関わり合う中で、子ども同士が学び合っていく姿は、新学習指導要領に示される「主体的・対話的で深

い学び」につながるものだと考える。

「学び合う学び」の授業づくりを支える教員の研修

　子どもが主体的に学ぶ「学び合う学び」の授業づくりを支えるために、次のような教員研修に取り組んでいる。

(1) 個人研究テーマの設定

　子どもが主体的に学ぶ授業をつくるには、子どもの実態をしっかりつかんで指導にあたる必要がある。子どもの実態は学級ごとに違うことから、教員一人ひとりが育てたい子どもの姿を具体的にイメージして、研究テーマを設定して授業研究に取り組んでいる。

(2) 一人一研究授業と研究協議の実施

　教員全員で授業づくりを進めるために、個人研究テーマに基づいて、一人ひとりが課題意識をもって研究授業を行っている。その後の研究協議の場では、
① 授業で見られた子どもの姿
② 子どもはどのように学んでいたか
を語り合う。授業での事実をもとに、子どもの学びが深まるには、課題設定は適切であったか、どの子どもの発言を生かすべきであっ

たか、教師のつなぎはどうかなど議論を重ねる。

(3) 研究授業の事前研究会の実施

　研究授業を実施する前に、有志で、事前研究会を実施している。この場では、多くの学校で行われている、どのように授業を進めるか、どのように教えると分かりやすいかなどを検討するのではない。参加者全員で、教材について深く研究するのである。

　同じ教材でも、教師一人ひとりの捉え方は違っている。互いの捉え方を伝え合うことで、教材を多面的に捉え、教材の魅力や学習の系統性・発展性などを検討する。授業者にとっても、自身が予想しなかった意見がたくさん出され、教材をより深く知ることができる。また、子どもの考え方を知る参考にもなり、子どもたちの学びを深める手がかりをたくさん準備できる機会ともなっている。

(4) 互いに授業を参観する機会の確保

　研究授業だけでなく、日常的に授業を参観し合える機会を確保している。子どもの学ぶ姿を客観的に捉えたり、子どもたちの意見のつなぎ方などを学び合ったりするだけでなく、相互に参観した授業について語り合う学校全体の雰囲気ができあがっている。

愛知県小牧市立大城小学校

子どもが読み深める国語の授業（こんな授業実践を目指して）

国語の授業で子どもたちが深く学ぶために、「ことば」に対する豊かなイメージを育むことに力を入れている。学習指導要領にある「話すこと・聞くこと」「書くこと」「読むこと」の観点や言語活動の充実を進めるとき、子ども一人ひとりの「ことば」に対する感性を豊かにすることは不可欠だと考える。

授業では、子どもたちが教材文を豊かなイメージをもって読み深めることに重点を置く。そこで、次の点に留意して授業づくりを進めている。

(1) 自らことばに触れる機会を多く設定する

ことばに対する感性を豊かにするには、できる限り教材文に触れる機会を多くすることが不可欠である。そのために、授業では、教材文を音読する回数を多くするように心がけている。

(2) 4人グループの活動の充実

教材文を読んで個々が思い描いたイメージを4人グループで聴き合う。学級全体ではなかなか自分の考えを話すことのできない子どもも、4人という少人数では話すことができ、関わりの中で学びを深めている。

授業後の事後研究会において

4人グループでの活動の様子

は、グループにおける子どもの発言を録音して学びの様子を確認するなどして、教師が示した課題が適切であったか、グループの学び合いが十分深まっていたかなど、読みの深まりに焦点を当てた検討を心がけている。

（校長　梶田光俊）

Comment

全教師のつながりの中で一人ひとりの授業づくりを

東海国語教育を学ぶ会顧問　石井順治

大城小学校の校内研修の基盤は「学び合う学び」である。だから、子どもの学びが対話的であるだけでなく、教師たちの研修も対話的に学び合うものになっている。

校内研修でもっとも大切なことは、教師のつながりをなくさないということである。そのために必要なことは、必要以上にやり方を統一するのではなく、一人ひとりが自らの事実に基づいた取り組みをすることと、その取り組みを同僚同士支え合うことである。個人テーマの設定と研究協議会の持ち方に学校のその意思が表れている。

同校の国語の授業研究は、物語文や説明文の「読み」に焦点を当てたものになっている。そこで大切にされているのがことばへの触れ方、ことばの使い方を深めることである。

これは極めて妥当なことだと言える。読む学びはことばにどれだけ深くかかわれたかで決まるからである。そのことばへのかかわり方が仲間との学び合いによって促進される授業が「対話的学び」だと考えているからであろう。

教師たちはそのことを共通理解している。だから、授業においては子どもたちのことばへの触れ方と学びのかかわりに注目し、授業後、その事実に基づく検証をしている。

授業づくりが形式の統一と指導法の検討で進められる時代は終わった。それでは創造的・探究的な子どもは育てられない。大切なのは、子どもの事実である。大城小は梶田校長の下、そういう研修に取り組んでいる。

case 2

●社 会

教科の本質たる「見方・考え方」を教科内容研究によって見いだし、働かせる

現在、本校では山形県で推進している探究型学習のモデルを各教科で提案している。課題の設定（生徒の課題意識）→情報収集（学びの見通し）→整理・分析（教科の本質に迫る思考力・判断力・表現力の育成）→学びの振り返りというサイクルを重視した授業である。本稿は、これまでの本校社会科の歩みと現在の取組について述べる。

校内研修からみたワークショップ型授業

本校社会科では10年ほど前から、ワークショップ型授業の開発に取り組んできた。ワークショップ型授業とは、「説明＋活動＋振り返り」からなる活動中心の授業で、説明中心の授業、発問中心の授業と区別される。ワークショップ型の授業づくりの要は活動空間の設計であり、その空間に生徒を放つイメージとなる。そこでは、「教師の出」は極力控えられ、生徒の学習を見守り、励ます、ファシリテーター役に徹することになる。

一方、説明中心の授業、発問中心の授業は、時系列の段取りであり、「予想される（期待される）生徒の反応」をもとに、授業を進めていく形になっていることが多い。しかし、授業が活動空間の設計であり、極力「教師の出」が控えられることになると、事前の授業準

備でほぼ授業の成否が決まるということになる。ここに、教科内での研修の意味が出てくる。「事前に教科内で議論しながら活動空間を設計する」「実際に授業をやってみて、生徒の活動の様子や振り返りを分析し、また設計を変更・修正する」このサイクルで、教科内での事前研や事後研の効果が高まるのである。そのようにして教科内で、学びを見取る視点や授業の手立てが拡大、洗練されていくことになる。

新学習指導要領と探究型学習

新学習指導要領の姿が見え始め、資質・能力、教科の本質、見方・考え方ということが強調されるようになると、活動空間で、どのような見方・考え方を働かせるのか、振り返りでどのような学びの自覚を期待するのか、といったことを特に意識するようになった。

以下、今年5月に本校で行った「探究型学習授業づくり研修会」での授業の実際を述べる。単元名は、「世界恐慌から日中戦争までの社会の様子を特徴的に表す写真を選ぼう」である。目指す生徒の姿は、「昭和初期に起こった歴史的事象を相互に関連付けたり、諸資料から読み取った情報と歴史的事象を論理的に結び付けたりすることを

通して、当時の社会の様子をより多角的に捉えて説明している」である（授業者　大隅一浩）。

本時の展開は以下のとおりである。

①**課題の設定**：10枚の写真の中から、1929年から1937年までの日本社会の様子を特徴的に表す写真を2枚選ぶという課題を提示する（写真は、煙を上げる製鉄所、世界恐慌後の都市（閉店の様子）、東北地方で木の実や草の根を食べる家族、特急つばめの車内食堂などである）。また、この時期の「各国の工業生産」のグラフを見せ、生徒の写真選択と日本の経済成長とのズレから当時の社会の様子への関心を高める。

②**情報収集**：1929年から1937年までの社会の様子を表す資料を配布し、4人グループで社会の様子の特徴を考える（資料は、幻の東京オリンピック、高橋財政、豊作きんの農民の声、都市部のきつねの襟巻の流行などである）。

③**整理・分析**：4人グループで写真を改めて2枚選択する。

④**学びの振り返り**：社会の様子を捉える上で大切なこと、どこからそう思ったかを書く。

教科内で教科の本質たる見方・考え方を見いだす

社会科の校内研修という視点か

山形大学附属中学校

ら、この実践の成果を挙げるとすれば「対比的な見方」という社会科で求める多角的な見方の内実を示すことができた点である。社会的な見方の具体は、その領域の内容研究から得られる。本実践でも、『「月給100円サラリーマン」の時代』（岩瀬彰著、筑摩書房）、『戦前昭和の社会』（井上寿一著、講談社）などを教科内で読み合うことを通して、昭和初期の日本社会は極端な格差社会であることを確認した。これを捉えることができれば、「戦争に向かう時代の社会や生活の変化（中略）を多面的・多角的に考察、表現できる」という指導要領の求めにも適うことになる。生徒の振り返りには、以下の

ものが見られた。

「学習前はこの当時の社会は戦争に向かおうと、政党政治から軍部政治へと移り変わり、重化学工業が発達したというイメージが強かったが、実はそのイメージは国全体で見たときの日本の様子であって、本当は様々な立場（特に農村と都市）で経済格差が広がっていたということを学ぶことができた。全体の印象を確実に捉えるには、細かな情報が必要だということが分かった」。

生徒たちは、都市と農村、ホワイトカラーと農民・労働者といった対比的な見方はしていたが、振り返りの中に、「対比的に見る」という語は見られなかった。授業後、

共同研究者（江間史明）から、「対比的に見る」ということを授業冒頭で明示し、対比的な見方を自覚させることができるのではないかという指摘があった。生徒が見方・考え方を働かせるに足る内容と思考の方向付けの明示が必要であることが示唆された。

奈須正裕は、「今こそ教科内容研究の復権を」と述べている（『「資質・能力」と学びのメカニズム』東洋館出版社）。今、各教科でやるべき研修は、内容の研究であり、そこから教科の本質たる見方・考え方を見いだし、互いの教科観を磨きながら、授業に反映させていくことだと考えている。

（主幹教諭　関東朋之）

Comment

内容研究と思考の明示的な方向付け

山形大学教授　江間史明

　附属中社会科の実践は、教科の内容を深く学ぶことで、生徒が資質・能力を育むことを示している。そのために関東教諭は「生徒が見方・考え方を働かせるに足る内容」を研究することを強調する。事例の授業の場合、内容とは、昭和初期の日本社会を「経済格差」で捉えたことである。見方・考え方とは、社会的事象を「対比的に見る」ということである。これは、当時の写真を1枚見ても、それだけだと思わず、他の面もあったのではないかと想像できるような見方を意味する。

　振り返りの文章で、生徒は「経済格差」という言葉を使っている。この概念は、現代の格差社会と戦前昭和の社会を連続的に捉える視野をひらく。そして、当時の格差社会がどのように世界大戦につながっていったのかと

いう次の課題を示唆する。その過程を知ることで、「そうならない」可能性を生徒は考えることができる。

　こうした授業づくりのために、附属中社会科は、ワークショップ型の授業づくりと校内研修を連動させている。この授業のコンセプトは、「枠の中の自由」である。この枠が活動空間にあたる。トピックや手順、時間、場所、ルールなどを枠に埋め込み、その中で生徒に自由に活動し思考してもらう。枠自体は、発問中心の授業にもある。発問で子どもの活動や思考を枠付けるのである。こうした枠に、「生徒が見方・考え方を働かせるに足る内容と思考の方向付けの明示」をどう組み込むか。附属中社会科の実践は、この研修課題を示している。

case 3

●外国語

学級経営力をつけるための校内研修と実践
学級担任による外国語活動を通して

生駒山の中腹にある本校の校庭からは大阪平野が一望でき、晴れた日には遠く淡路島が見える。児童数290名あまり、教員数は23名の小学校である。校区にはコンビニが一軒もなく、信号もない。

教員の平均年齢は37歳。50代以上が4名（管理職含）、40代が5名、30代が7名、20代が7名と一見バランスが取れた人員構成のように感じるが、勤務年齢という視点で見ると5年に満たない教員が11名に及ぶ。また、東大阪市では現在「小中一貫教育」の取組が進められており、中学校区ごとに「小中一貫教育コーディネーター」が任命されている。現在本校の所属する「縄手中学校ブロック」では中学校英語科教員（JTE）が小中一貫教育コーディネーターとなった。そんな上四条小学校が「外国語」の研修を通じて、キャリアの浅い教員の「指導力」をいかに高めたかをここに記したい。

「とにかくやってみよう」

外国語はどんなキャリアの先生にとっても「ここからがスタート」という教科だ。今後の取り組み方次第では先生の「英語力」だけでなく、英語を手段として「授業の中での子供たちとのコミュニケーション力そのもの」を高めることができるのではないかと考えて、外国語研修に取り組んだ。

外国語の教科化を目前に控えていた2年前。本校では「英語は苦手だ」と感じていた教員は数多くいたものの、「焦り」を感じていた教員は少なかった。教室では従来どおりのALT任せの授業形態が主流であった。外国語担当やJTEから「担任主導の授業をしましょう」と呼びかけられ、担任がT1となって授業を行うクラスが徐々に増えていったものの、「やらされている感」は拭えなかった。研修の機会は増えたが、結局は受け身の参加であり、負担に感じている教員は多かったように思う。

そこで教員一人一人が「主体的」に参加できる研修スタイルはないかと模索した。従来の「講義形式」や、英語を得意とする教員による「公開授業」から学ぶことは多い。しかし、知識を習得しても実践できる教員はなかなか増えない。「○○先生は英語得意やからできるねん」「そういわれても、恥ずかしいから無理やわ」などの声があちこちから聞こえていた。

そんな状況で、経験年数や、英語の得意不得意にかかわらず、誰でもT1で楽しい授業ができると分かってもらうために、本校で、つい半年前に大学を卒業したばかりの新任教員に「公開授業」を依頼することとした。学級経営に、保護者対応に、学校行事に、校務分掌に、試行錯誤しながら過ごす新任教員の毎日。そんな中でも最も重要になるのが、「授業力の向上」であろう。

「外国語」の指導は、全員がスタートラインに立ったばかりだ。「とにかくやってみよう！」やってみることで、授業者はもちろんのこと、指導案づくりに関わる教員、授業を参観した教員、つまり学校全体の力になるはずだと考え、この取組を進めた。

指導案づくりでは、経験のある教員が一方的に教えるのではなく、新任教員と意見を交わし合う中で彼女に答えを見つけさせるように心がけた。また、それぞれの教員にある得意分野、その技を全員が出し合い共有することを心がけた。例えば、体育会系の教員は子供をのせるのが上手だし、ICT関係が得意な教員は、オリジナルのデジタル教材を創ることができる。JTEは「クラスルームイングリッシュ」のあれこれや、基本的な英語授業の流れをアドバイスできる。直前には我々教員が子供の立場になって「模擬授業」も行った。この「初任者の公開授業による校内研修」は、皆が「協働意識」をもって取り組むことができたすばらし

大阪府東大阪市立上四条小学校

いものだと自負している。

公開授業当日。日々授業力向上のために暗中模索し、英語に苦手意識をもっていた新任教員は、子供たちと共にいきいきと授業を展開した。それにこたえる子供たちの笑顔もまぶしかった。その現場にいた多くの教員が「経験に関係なくこんなに楽しい英語の授業ができるんだ」「自分もがんばらないとあかん」という思いをもったにちがいない。

外国語の授業で見せた担任の笑顔に、子供たちも笑顔で答える。コミュニケーション力が最も必要とされる外国語の授業をやりきったことで、担任と子供たちの心がつながり、着実に成長した教員と学級の姿がそこにあった。

外国語が高める学級経営力

これを機に、本校教員の「外国語の授業」に対する意識は大きく変わった。職員室でも自分の実践を教え合ったり、困っていることを気軽に相談している場面が見られたりするようになった。空き時間があれば外国語の授業をやっているクラスを見に行く教員も増えた。

教員同士が、そして教員と子供たちが「コミュニケーション力を高める」強いては「学級力、授業

力を高める」のに外国語ほどふさわしい教科はない。

まだ始まったばかりの小学校の外国語だからこそ、その研修の形も様々だろう。これからも、ひとつの方法だけをこれが正解だと決めつけるのではなく、いろいろな方法で「とにかくやってみる！」そんな気持ちを大切にして、外国語の研修に取り組んでいきたい。

（校長　林　美予子）

Comment

校長の指導力が学校の教育力を上げる

大阪樟蔭女子大学教授　菅　正隆

　上四条小学校では、校内研修ばかりか、様々な授業力向上の仕掛けが施されている。先生間の壁は低く、授業について語り合ったり、授業を見せ合ったりと、校内の雰囲気も良い。そして、先生方は元気である。校内研修で寝たり、内職をしたりする先生はいない。俗に言う「目が輝いている」先生ばかりである。それはなぜか。

　答えはひとつ。校長先生がユニーク過ぎるからである。ビートルズが好き、ラグビーが好き、そして、愛車はミニクーパー。一見不思議な先生ではあるが、その影響力は計り知れない。ここなのである。私が全国を歩いて得た結論は、学校を良くするのもダメにするのも校長ひとつである。この学校では、校長先生の勢いに先生方はのせられてしまっている。これが、目に見えない学校経営能力でもある。子供の成長を願い、先生方に熱く語り、時にはぶつかり合う。そして、先生方はなぜか納得してしまう。この学校にはそれが感じられる。そして、先生方は「外国語活動」「外国語」に不安を抱きながらも前向きになっている。このような校長の下で研修を積むことは、将来いかにプラスに働くか、私は数知れず目にしてきた。

　一方、教育委員会ばかりに気が向き、保身に走る校長や副校長、教頭の下では、外国語教育ばかりか、学校自体の教育力も落ちている。来年度からの新学習指導要領の全面実施に向けても全く準備できていない学校も目につく。そこには、必ずこのような管理職が存在する。残念なことである。

case 4

● 道　徳

思いやる心とたくましさを育てる道徳教育
自己を見つめ、他者との関わりを深める指導の工夫

本校では、平成4年度から道徳教育の研究を学校経営の基盤に据え、継続的に研究を進めている。

平成28年度からは副主題を上記のように掲げ、学習指導要領改訂の趣旨を十分に理解するとともに、時代の要請や児童の実態を踏まえ、道徳の時間の質的な向上を図る指導方法を明らかにすることや教育活動全体を通して意図的、継続的な指導を行い、道徳教育の具現化を図ることに取り組んできた。

道徳教育の要となる道徳科の授業づくり

授業においては道徳科の目標に応じた学習指導過程や指導方法を工夫するとともに、児童が自らのよさや成長を実感できるようにすることが求められている。

学習指導過程においては、「河北スタンダード」として全校で統一して取り組んでいる。ただし、教材の内容（葛藤教材、感動教材等）や指導方法（自我関与中心の学習、問題解決的な学習、体験的な学習等）によって柔軟に変更している。指導方法には多様なものがあるが、その時間のねらいを達成するために、児童の感性や知的な興味などに訴え、児童が問題意識をもち、主体的に考え、話し合うことができるよう工夫する必要があると考える。

そこで本校では、教師がそれぞれの学習段階において手立てを講じることで、自己を見つめ、物事を多面的・多角的に考え、自己の生き方についての考えを深める学習を充実させる工夫を行っている。

(1) 物事を多面的・多角的に考えさせるための手立て

物事を多面的・多角的に考える指導のためには、様々な視点から物事を理解し、主体的に学習に取り組むことができるようにする必要がある。児童は価値について、自己や他者と対話しながら、物事を多方面から捉えたり、多様な感じ方や考え方に触れたりしながら、考えを深めていく。そのために教師は、的確な発問によって児童に考える視点を与えたり、適切な場の設定を工夫したりすることが大切である。

(2) 自己の生き方についての考えを深めさせるための手立て

自己の生き方についての考えを深めさせるためには、道徳的価値の理解と自分との関わりで深められるようにしたり、自分自身の体験やそれに伴う考え方や感じ方などを想起させたりすることが大切である。そのためには、本時の学習を通して考えたことや新たに分かったことを自覚し、それをこれからの生活に生かそうとしたり、これまでの自分自身はどんな生き方、考え方をしてきたかを捉え直したりすることができるような手立てを講じることが必要であると考える。

ネームカードやホワイトボードなどのツール活用が目的ではなく、また、座標軸やベン図などの「思考の見える化」で終わるのでもなく、そうした工夫を通して、児童による「議論する道徳」となるよう研究を進めていきたいと考えている。そのためには、道徳の時間だけでなく、各教科等でも、同様の学習指導を継続していくことが大切であると考える。

ともに学び、批評し合い、高め合う教師集団を目指して

本校は、1学年1学級、特別支援学級3学級の学校規模である。年間1回は校内の授業研究会で授業を公開し、講師を招いて助言をいただくこととしている。

授業は、本校の研究主題「思いやる心とたくましさを育てる道徳教育」の中心を成す「親切、思いやり」「希望と勇気、努力と強い意志」「規則の尊重」の価値項目を中心に行っている。

毎回、授業研究会の前には、学団の教師を中心に事前検討会が行われる。ここでは、授業者の作成した指導案検討が中心となるが、価値項目から切り込んだ教材解釈

岩手県盛岡市立河北小学校

や、児童の実態についての分析も行われる。このことを通して、事後研究会では、授業者一人だけではなく、ともに考え、検討した授業として、協議が活発になる。また、事前検討会に参加しなかった教師側からは、事後研究会で、なぜそのような発問に至ったかの経緯が問われ、また、違った視点での教材解釈の提示があり、研究内容が深まることになる。このように同僚性を生かした研究会が行われることは、一人一人の教師にとって、授業に関わる機会が増え、日常の授業づくりにも大きな糧となっている。

本校の研究の特徴の一つとして、児童の道徳ノート「ねむの木ノート」の活用、児童の発言や役割演技の様子を記録したり、学習の様子（つぶやき、グループ対話の様子等）を記録したりする「教師版ねむの木ノート」の活用がある。

事後研究会では、これらの記録を基に話し合われることとなる。最近では、授業前に、参観者に座席表を使って、見取る児童を割り振り、児童の思考の様子を記録し、それを基に研究協議する場も増えた。これによって、授業者の発問や働きかけが、実際に児童にどう受け止められ、反応したのかを客観的に分析できる。授業を評価する上で、児童の様子の記録は、厳しい現実を突きつけることともな

る。そこからどのように授業を改善していくのかをともに考えていくことは、次回の授業研究への課題ともなっている。

今後、本校の研究の課題は、児童による話し合いの組織化である。個々の児童の多様な考え方や感じ方を洗い出し、相互に理解させ合うこと、それぞれの考えの違いや関係構造を理解させること、どの意見とどの意見について考えればよいか、どの考えを深めれば全体の思考が深まるか、議論する内容の順序と方向性を決めることなどが課題となってくる。

（副校長　吉田耕也）

Comment

質の高い授業構築を可能とした「河北スタンダード」

秋田公立美術大学教授　毛内嘉威

河北小学校では、明確な指導観をもって指導計画を立て、学習指導過程や指導方法を工夫しながら、主体的・対話的で深い学びのある質の高い道徳授業に、平井良明校長先生を中心に職員一丸となって取り組んでいる。

実践報告にもあるとおり、「河北スタンダード」という学習指導過程を設定し、1単位時間の中に、①道徳的価値を理解する学習（深い学び）、②自己を見つめる学習（主体的な学び）、③多面的・多角的に考える学習（対話的な学び）、④自己の生き方について考える学習（深い学び）の4つの学びを常に意識して授業を構想している。特に、「多面的・多角的に考える」「自己の生き方について考える」学習の手立てに焦点を当て、「自己の生き方についての考えを深める」ことを強く意識した授業

構想をしている。

河北小学校では、質の高い道徳授業の実現のために、児童の道徳ノート「ねむの木ノート」の活用や「教師版ねむの木ノート」を活用して、道徳授業のPDCAサイクルを実現している。

道徳授業のPDCAサイクルの実現は、指導と評価に基づく授業づくりであり、教師が道徳授業のねらいとする道徳的価値に関わる道徳性の諸様相を育てるために、学習指導過程や指導方法を工夫しながら、道徳科の「主体的・対話的で深い学び」を構想し、その指導の工夫により表出した児童生徒の学びの姿を継続的に把握し評価（指導と評価の一体化）し、授業の改善を図っていく取組と言える。

case 5

●カリキュラム・マネジメント

地域と共に持続可能な「本郷学園構想」の実現へ

子どもは地域の宝

　山口県東部（玖北地区）に位置し、四方を羅漢山をはじめとする山々に抱かれた本郷町。町の小高い丘から一望できる隣接する2つの校舎と本郷山村留学センター。昨年4月、本郷小・中学校の2つの学校を兼務する校長として着任した。これは、3年間の岩国市隣接型小中一貫教育モデル校を経て、将来の「本郷学園構想」への新たな進化を目指すものである。「校長先生、何でも相談してくださいね」。出会う地域の方々からの温かい声掛け。山村留学センターに学ぶ全国各地からの20名余りの児童生徒も含め、本郷の地で出会い、そして共に学ぶ、その意義を地域の方々から、そして、子どもたちの姿に学ぶ毎日である。朝夕、地域の方々に見守られながら登下校する児童生徒。交わされる挨拶、笑顔の中に、支え合う絆を感じる。まさに、「子どもは地域の宝」なのである。

「地域の学校」に向けた取組

　本校では、「地域の学校」を目指し、「学力向上」「人材育成」「地域連携」を3つの柱として取り組んでいる。

（1）小中一貫教育推進に向けた「連携への思い、形」を整えるカリキュラム・マネジメント

　昨年4月、「本郷小・中学校目指す児童生徒像」を新たに次のように設定した。

- 愛（自他への愛、愛校・愛郷）
- 夢（志）
- 誇り（誠実、自信・自己肯定感・地域肯定感）

　これは、両校の目指す児童生徒像の思いを受け継ぎ、児童生徒を一体となり育てていきたいという思いを確認することにつながった。

　ここから、本校における小中一貫教育をはじめ新たな「動き」が加速した。

　教職員から、下のような「愛、夢、誇り」のデザインが提案された。さらに、「ほんごうオリジナル小中合同ユニット型研修」。小中の校務分掌を中心に3つのユニット（「愛ユニット」「夢ユニット」「誇りユニット」）を構築した。各ユニットは、若手リーダーを中心に年間を通して運営される。小・中の教職員が相互にその特性を生かした指導技術を見合う「授業研究」の場、担当分掌間で9年間の継続性「ユニットミッション」を検討し、伝承する場とした。このユニットには教職員のみならず、多くの保護者、学校運営協議会委員、地域の方々、市教委指導主事もメンバーとして参画していただき、授業改善、学校運営へのご助言をいただいている。今年度、各ユニットから「本郷小中学校チャレンジ目標」、その指針としての「学校評価項目（重点目標）」が提案された。すなわち、教職員一人一人がその業務を通して学校運営に参画することを意図したものであり、さらには9年間を見通す資質の向上を目指したものである。各ユニットが、小中一貫教育への実質的な協働体制そして学校全体の新たな動きを創造する場として成長しつつある。

本郷小中学校
校務分掌表

本郷小中学校
ユニット型研修組織図

ユニット別研修

ユニット型研修（授業公開）

（2）学びの実践、交流の場として小中一貫教育の「地域連携カリキュラム」を位置付ける

　両校は、小中一貫（地域連携）カリキュラムとして「本郷学」を位置付けている。これをキャリア教育を主軸に見直しを図っている。

山口県岩国市立本郷小・中学校

地域を「学びの実践の場」「多年齢の方々との交流の場」とした取組がどの学年にも広がりつつある。

3つの写真は、今年7月に実施された「学校運営協議会」の様子である。会では、委員、教職員に加え、児童生徒そして高校生も参画し、「本郷の良さをアピールするには」をテーマに熟議を行った。参加者全員がふるさとのよさや思いを再確認する時間となり、子供たちにとっては、地域の方々の思いに触れ、自分自身の生き方を考えることにつながった。

学校運営協議会への参画

お話リレーin本郷

地域のお祭りの担い手として

「お話リレーin本郷」。リレー形式で、地域の方々に「ふるさと」への思いやエピソードをお聞きする活動である。毎回、児童生徒が地域に生きることを学ぶ貴重な時間となっている。

中学校の「ボランティア部」も始動した。多くの児童も参加（任意）している。本郷ふるさとフェスタでの応援隊としての活動では、事前の「実行委員会」にも参加し、企画段階から提案するなど、その一役を担う活動へと年々進化させている。

＊　＊　＊

やましろ本郷KIZUNAネットキャラクター

「学校が変わる」。変わることに新たなチャンスを見出したいと強く思う。社会の変化に立ち向かう子どもたちの見本として、この挑戦が社会に巣立つ「児童生徒」だけでなく、「教職員」そして「保護者、地域の方々」「社会」の幸せにつながると信じたい。そして、「本郷」を「誇り」に社会で生き抜く児童生徒の育成のために、「地域の学校」の校長として、教職員、地域の方々も含めた「チーム本郷」さらには「ファミリー本郷」をつないでいくことに全力で取り組んでいきたい。

（校長　片山京子）

Comment

ここにもあり、ワークショップ型研修の申し子

甲南女子大学教授　村川雅弘

片山校長（当時、岩国市立川下中学校教諭）とのかかわりは2012年からである。「秋の公開研究会で講演をお願いしたい」という突然の依頼メールが来た。2008年の山口県総合教育支援センターでの研究主任研修で講演を聴き、ワークショップを取り入れ授業改善・学校改革を行ってきたとのこと。この経緯は東村山市立大岱小学校との出会いと酷似している。

その年の11月に学校を訪問し、授業を参観した。極めて質の高い言語活動の授業が各教科等で展開されていた。学校改革の方向性を決めた一番のきっかけは全教職員で行った「学習面と生活面のよさと課題に関する生徒の実態の明確化・共有化ワークショップ」と聞いている。川下中はその後の筆者の講演において中学校の事例の代表となり、片山先生には幾度か事例発表や事例執筆をお願いしてきた。後の柳井市立柳井中学校教頭時代においては保護者や地域の方30名と共に「柳井中学校区で目指したい児童生徒像ワークショップ」を行っている。

片山先生は校長として学校をどうつくっていくのか、興味深く読ませていただいた。「目指す児童生徒像」の設定、若手を中心とした小中合同研修への保護者や地域の方の参画、学校運営協議会への児童生徒及び高校生の参画など、これまでの経験と実績を踏まえて大胆かつ着実に学校づくりを進めておられる。小中一貫教育や山村留学あるいは「社会に開かれた教育課程」におけるモデルとなる。近い将来において学校を訪問し、この目でしっかりと確かめてみたい。

theme 2

学習指導の改善につなげる評価の視点と研修
パフォーマンス評価をどう活かすか

京都大学大学院教授
西岡加名恵

評価を見直す視点

　2019年3月に文部科学省から出された「小学校、中学校、高等学校及び特別支援学校等における児童生徒の学習評価及び指導要録の改善等について（通知）」では、「学習評価の改善の基本的な方向性」として、学習評価を「児童生徒の学習改善」と「教師の指導改善」につながるものとしていくことに加えて、「これまで慣行として行われてきたことでも、必要性・妥当性が認められないものは見直していくこと」と書かれている。2017年の学習指導要領改訂に対応する指導要録改訂期は、学校で行われている学力評価の実践について見直す、いい機会とも捉えられる。

　学力評価をめぐって、現在、多くの学校が直面しているのは、次の2つの課題であるように思われる。第一は、指導の改善のために指導の途中で行う形成的評価と、指導の結果を記録するために行う総括的評価を区別することである。両者が区別されていないことにより、成績づけのための「記録」に労力がかかりすぎて、"評価疲れ"が生じている半面、評価を指導の改善に十分につなげることができていない例も少なくない。

　第二は、育成を目指す「資質・能力」の三つの柱に対応して、適した評価方法を用いることである。2019年改訂指導要録において、「観点別学習状況の評価」の観点は、「知識・技能」「思考・判断・表現」「主体的に学習に取り組む態度」の3観点に整理された。これらの観点に即して、どのような評価方法を用いるかを明確にすることが求められる。

　学習指導要領改訂の基本方針を示した中央教育審議会「幼稚園、小学校、中学校、高等学校及び特別支援学校の学習指導要領等の改善及び必要な方策等について（答申）」（2016年12月。以下、「答申」）では、「資質・能力のバランスのとれた学習評価を行っていくためには、指導と評価の一体化を図る中で、論述やレポートの作成、発表、グループでの話合い、作品の制作等といった多様な活動に取り組ませるパフォーマンス評価などを取り入れ、ペーパーテストの結果にとどまらない、多面的・多角的な評価を行っていくことが必要である」と述べられている。先に記した2つの課題を解決する上でも、パフォーマンス評価は1つの鍵となる。そこで本稿では、パフォーマンス評価を取り入れて学力評価の改善を図る上で、どのような校内研修を行うことができるのかを検討してみよう。

パフォーマンス評価の意義を共通理解する

　パフォーマンス評価を取り入れるに当たっては、まず「パフォーマンス評価とは何か」「今、なぜパフォーマンス評価なのか」を共通理解することが重要となる。

　パフォーマンス評価とは、知識や技能を使いこなすことを求めるような評価方法の総称である（**図1**参照）。「答申」の中に言われているパフォーマンス評価は、実質的には、様々な知識や技能を総合して使いこなすことを求めるような複雑な課題（パフォーマンス課題）を指している。パフォーマンス課題には、レポートなどのまとまった作品を求めるものや、プレゼンテーションなど一連のプロセスを実演することを求めるものがある。

　パフォーマンス評価の背後には、現実世界において人が知識や能力を試される状況を模写したりシミュレーションしたりしつつ評価することによって、子供たちに学習の意義を実感させるとともに、生きて働く力を保障することを目指す「真正の評価」論がある。日本においてパフォーマンス評価は、2008年改訂学習指導要領で、「知識・技能を活用して課題を解決するために必要な思考力、判断力、表現力」を重視する方針が打ち出されたことに伴って、既に注目されてきた。新学習指導要領で育成が目指されている「資質・能力」は、現実の世界で生きて働くコンピテンシーを強調するものであり、パフォーマンス評価の重要性は一層増している。特にパフォーマンス課題は、「思考・判断・表現」「主体的に学習に取り組む態度」を一体的に見取るのに適している。

　なお、特に小学校・中学校においては、知識・技能を活用するような学習活動が既に多く行われている。そのような学習活動をパフォーマンス課題として位置付けてより意識的に取り組めば、指導と評価の改善につながることも少なくない。

「本質的な問い」を明確にする

　パフォーマンス課題を洗練させるうえで、特にお勧めしたいのが、教科における「本質的な問い」を明確にすることである。各教科には、複数の単元で繰り返し関われるような、包括的な「本質的な問い」が存在している。例えば、「どのように伝えればよいのか？」（国語・英語）、「社会はどのような仕組みで成り立っているのか？」（社会）、「現実の問題を数学的に解決するには、どうすればよいのか？」（算数・数学）、「科学的に探究するには、どうすればよいのか？」（理科）といった問いである。

　パフォーマンス課題を開発するに当たっては、包括的な「本質的な問い」を意識しつつ、それを単元の教材に即して具体化する。例えば国語であれば、「意見文において、自分の意見を説得力をもつように

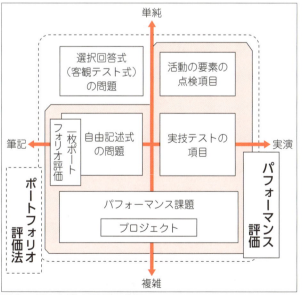

図1　様々な学力評価の方法
（西岡加名恵著『教科と総合学習のカリキュラム設計』図書文化、2016年、p.83の図を簡略化した。）

theme 2

伝えるには、どうすればよいのか？」といった問いが考えられている。次に、このような「本質的な問い」を問わざるを得ないような状況を設定しつつ、パフォーマンス課題を作成する。例えば、「『総合的な学習の時間』での学びを踏まえて、学校新聞に、『○年生の主張』を掲載することになりました。この機会に、自分が他の生徒たちや家族、社会に伝えたい意見を明確にし、説得力をもって相手に伝わるような意見文を書いてみましょう」といった課題が考えられるかもしれない。

それぞれの教科において、どのような「本質的な問い」を重視すべきなのか、また子供たちにとって魅力的で効果的なパフォーマンス課題の状況設定にはどのようなものがあるのかなどについて、グループで話し合うことも、授業やカリキュラムの改善につながる有意義な校内研修となる。

ルーブリックを作る

パフォーマンス課題を実践したら、子供たちの作品例を用いつつ、ルーブリックづくりの校内研修を行うことを勧めたい。ルーブリックとは、成功の度合いを示す数レベル程度の尺度と、それぞれのレベルに対応するパフォーマンスの特徴を説明する記述語から成る評価基準表である。

特定の課題に対応するルーブリックは、典型的には次のような手順で作られる。まず、パフォーマンス課題を実施し、子供たちの作品を集める。研修の場では、数名ずつのグループに分かれ、全員が、一つずつの作品を1～5点で採点する（5点：素晴らしい、4点：良い、3点：合格、2点：もう一歩、1点：かなり支援が必要）。お互いの採点が分からないように、各自で付箋紙に評点を書き、作品の裏に貼り付ける。全員が全ての作品を採点し終わったら、付箋紙を表に貼り直す。評点が一致した作品群についてグループで見直し、なぜ、その評点を付けたのかについて話し合って記述語を作成する。次に、意見の分かれた作品を見直しつつ話し合い、記述語を練り直す。

このようなワークを行うと、まず、参加する教員の間で、評価の観点や基準について共通理解することができる。それぞれの教師の評価は、最初は甘すぎたり辛すぎたりする場合もあるが、当該校において「素晴らしい」レベル、「合格」レベルはどういったあたりになるのかについて、具体的な作品例を踏まえつつ議論を深めることができる。ある作品についてA先生は高い点を付け、B先生は低い点を付ける、また別の作品についてはA先生が低い点を付け、B先生は高い点を付ける、といったように評価が入れ違う場合もある。その場合は、A先生とB先生で違う観点を見ているので、両方の観点を出し合い、より的確な評価基準を作っていく。たとえば、プレゼンテーションの評価の場合、流暢さを重視する先生と内容の豊かさを重視する先生がおられたことが判明したら、「流暢さ」と「内容の豊かさ」のように、ルーブリックの観点を2つに分けて記述語を整理する。

ルーブリックが完成したら、ワークを踏まえて、次に取り組むことのできる指導の改善策について、ブレーンストーミングを行う。ルーブリックづくりのワークをすると、「素晴らしいパフォーマンスとはどのようなものなのか」や、逆に「子供はどのようなつまずきをするのか」が、非常に明瞭になる。子供たちのつまずきを乗り越えさせ、より多くの子供たちが「素晴らしい」パフォーマンスを行えるようにするには、どのような指導の改善策を図ることができるのかについて知恵を出し合うことは、指導の改善につながる大変有意義な研修となる。

[特集] 校内研修を変えよう
■ theme 2 ■
学習指導の改善につなげる評価の視点と研修

ポートフォリオ評価法を活用する

　最後に、ポートフォリオ評価法についても触れておこう。「答申」では、「総括的な評価のみならず、一人一人の学びの多様性に応じて、学習の過程における形成的な評価を行い、子供たちの資質・能力がどのように伸びているかを、例えば、日々の記録やポートフォリオなどを通じて、子供たち自身が把握できるようにしていくことも考えられる」と述べられている。

　ポートフォリオの所有権（収める資料やその評価規準の決定権）に注目すると、ポートフォリオは3つのタイプに大別される。「総合的な学習の時間」で用いられるポートフォリオは、教師と子供が相談しながらつくる「基準創出型ポートフォリオ」である。一方、何をなぜ収めるのかを学習者が決定する「最良作品集ポートフォリオ」も考えられる。AO入試などにおいて、自己アピールに用いられているポートフォリオはこのタイプである。

　「目標に準拠した評価」を充実させるうえでは、教師が収める資料と評価規準を決める「基準準拠型ポートフォリオ」が意義深い。その場合、カリキュラムにおいて設定している目標がどの程度達成されているのかを確認するには、どのような資料を集約すればよいのかを検討しつつ、ポートフォリオを設計することとなる。冒頭で述べたように、学校では、形成的評価と総括的評価の区別がつかないために"評価疲れ"が生じている例がある。学年末の総括的評価を行うために、必要最小限の資料をポートフォリオに残すとすれば、どのような資料を残すことになるのかを明確にイメージすることは、成績づけに関わる労力を限定する上でも意義深いだろう。

　学校としてポートフォリオを導入するに当たっては、まず「どのタイプのポートフォリオを導入する

のか？」「なぜ導入するのか？　意義は何か？」「何を、どこに残すのか？」「いつ、どの期間で作るのか？」「どう活用するのか？」などを明確にする必要がある。次に、教師たちだけでなく、子供たちとも、上記のような見通しを共有する。ポートフォリオづくりに取り組み始めたら、蓄積された作品を編集する機会を設けることが重要である。日常的にためておいた資料の中から重要な資料を整理したり、ポートフォリオ検討会で見せる資料を選んだりする活動が求められる。ポートフォリオ検討会とは、ポートフォリオを用いつつ、関係者の間で達成したことや困っていること、今後の課題や展望などについて話し合う場のことである。ポートフォリオ検討会については、定期的に行うことが必要である。──このようなポートフォリオに関する理解を校内研修で共有しつつ、取り組むことが求められる。

[参考文献]

・西岡加名恵著『教科と総合に活かすポートフォリオ評価法』図書文化、2003年
・西岡加名恵著『教科と総合学習のカリキュラム設計──パフォーマンス評価をどう活かすか』図書文化、2016年

Profile

にしおか・かなえ　京都大学大学院教育学研究科・教授。京都大学大学院教育学研究科修士課程修了後、英国バーミンガム大学にてPh.D.（Ed.）を取得。鳴門教育大学講師を経て、2004年4月より京都大学大学院教育学研究科助教授（2007年4月より准教授）、2017年4月より同教授。専門は教育方法学。各地の学校や教育委員会と連携してパフォーマンス評価に関する共同研究開発を行うなど、カリキュラムと教育評価の改善に携わっている。文部科学省「育成すべき資質・能力を踏まえた教育目標・内容と評価の在り方に関する検討会」委員（2012年12月～2014年3月）、高等学校における「多様な学習成果の評価手法に関する調査研究」評価・推進委員会委員（2013年6月～2016年3月）なども務める。主な著書に、単著『教科と総合学習のカリキュラム設計』（図書文化、2016年）、共編著『カリキュラムマネジメント・ハンドブック』（ぎょうせい、2016年）などがある。

message

アクティブな研修から生み出す教師力

甲南女子大学教授
村川雅弘

授業改善、学校改革を後押しして

　本誌の萩原編集長より「校内研修を変えよう」という特集の中での執筆を依頼された。「何をいまさら?」と思いつつ筆をとる次第である(笑)。筆者は大学院生のころからおおよそ40年間にわたり学校現場に関わってきた。文部省や文部科学省の研究開発学校、国立大学の附属学校、国や都道府県あるいは学会等の研究指定を受けている公立学校など、毎年十数校ほど授業改善や学校改革に関わってきた。今年度も十数校に関わっている。関わっていると言っても半数の学校は年間1、2回である。それでも授業や学校は変わってきたという実感がある。それらの成果の多くは書籍や本誌のような教育雑誌を通して発信してきた。結局は、授業や学校を変えたのは教職員に他ならない。筆者が変えたのは「研修」である。ワークショップ型の研修を導入・定着させてきた。つまり、「アクティブ・ラーニング」的な研修である。

　資料1はカリキュラム・マネジメントに関する講演の際に用いるプレゼンのスライドの一つである。講演の中では対象によって比率は異なるが必ず「カリキュラム・マネジメント」と「ワークショップ型研修」の話をセットで行う。「カリキュラム・マネジメント」と「ワークショップ型研修」の割合は、校長研修では8:2、副校長・教頭研修では7:3、教務主任研修では6:4、研究主任研修では4:6といった具合である。

　「学校現場は全国共通の学習指導要領を踏まえた上で、子供や地域の実態に応じて教育目標を設定し、その実現に向けて限られた施設・設備や時間(勤務時間と子供の学習時間)、予算そして人材を有効に活用して、最大限の教育効果を上げることが求められている。では、資源の中で最も大化けするのは何か、それは人的資源である。日本の教師は高い能力をもっている。しかし、我が国には自らの能力を発揮することを躊躇する文化がある。それでは勿体ない。子供や保護者に申し訳ない。教職員一人一人の経験や知識、専門性を引き出し、それらを繋げ、カリキュラムや授業、教材、学習環境等の具体的な形にし、日々の実践を元に見直し改善を図る、その営みがカリキュラム・マネジメントである。そして、そのためには研修の工夫・改善が必要で、ワークショップ型研修がそれを可能にしてきた」と述べる。我が国の教員の教師力は極めて高い。重要なのはアクティブな研修でいかに個々の教師力を引き出しつつ、相

資料1

[特集] 校内研修を変えよう
■ message ■

写真1

互の学び合いや切磋琢磨によりさらに向上を図っていくかである。

筆者がこれまで関わり、授業改善や学校改革を成し得た学校の実践事例の多くは、授業やカリキュラム以外に、どのような内容・方法で研修を行ったのかも記述している。例えば、かつて生徒指導面や学力面で課題を抱えていた東京都東村山市立大岱小学校は若い教師が半数を占めていたにもかかわらず、比較的短期間で両方の課題を解決した。その成果は『学びを起こす授業改革』(写真1)に紹介されているが、全体で193ページ中の約3分の1にあたる67ページが校内研修に関することである。実際、同校が多くの課題を抱えていたときに、当時の西留安雄校長と池田守研究主任が新潟県で筆者の講演を聴き、「このワークショップにかけてみよう」と考えられ、その後の改革につながったと聞いている。名の知れぬ公立学校が出した書籍であるが、10年近くも読み継がれ、現在11版を数え、10,000冊を超える。この類の書籍としては大ベストセラーである。是非、手にとり参考にしていただきたい。

また、研究発表会当日においても、校内研修の経緯や成果の発信・発表を行うことが多い。大岱小学校での公開研究会でも校内研修やカリキュラム・マネジメントに関するセッションを設けた。本誌Vol.1で取り上げた、11月15日に生活科・総合的な学習の時間で全国大会の発表を行う兵庫県淡路市立志筑小学校でもそのようなコーナー展示や発表を行う予定である。

研修の時間をいかに生み出すか

今年度も各地でカリキュラム・マネジメントや校内研修、総合的な学習の時間に関する研修を行っている。時折、受講生の事前アンケートが送られてくる。「研修の時間がとれない」「教職員の研修への意欲がない」といった声が多い。

研修時間確保のための工夫は、教育工学も専門にしている筆者にとっても課題である。多忙な学校現場において「効率化」は最重要課題である。いくつか事例を紹介したい。

熊本県立鹿本高等学校の総合的な探究(学習)の時間の基盤は1999年度から築かれ、今も先進校として素晴らしい実践を積み重ねている[1]。筆者が『総合的な学習の時間[高等学校版]』(独立行政法人教員研修センター、2003年)の作成のために訪問させていただいていた2002年ころは、まだ取り組み始めて間もないころだったので、総合的な学習の時間に関する校内研修を週7回行っていた。各学年の総合的な学習の時間の担当者(主に若手教員が担当。その理由は、教科ではリーダーになれないこと、新しいことをどんどん吸収するから、であった)同士の研修が1回、各学年が各2回の計7回である。高等学校では一般的に、総合的な学習の時間に関する研修は年に1、2回と聞いている。異常な多さである。そのときに20年にわたって質の高い実践を続ける素地が作られたと考える。「どのようにその研修時間を生みだしたのか?」

2002年10月に訪問したときは、2年団の半数の教員が若手教員のリードの下、1校時目にその週に実施する授業のリハーサルを行っていた。時間割編成を工夫し、各学年の半分の教員が同時に空く時間を生みだしている。カリキュラム・マネジメントの三つ目の側面の「校内の資源(ここでは時間という資源)の有効活用」につながる示唆に富んだ取組である。

かつて生徒指導困難校であった三重県鈴鹿市立千代崎中学校は、学校が落ち着きを見せた2011年に「言語活動の充実」による授業改善を図る取組に着手

した。その一環として、授業研究を行うことになったが、40名の教員を抱える学校のために多くの教員が授業研究を行う時間の確保が問題となった。筆者が提案したのは、空き時間が一緒の教員でチームを組み、ある教員の授業を参観し、その日の放課後にワークショップを行うという方法である。1回目は筆者のリードで1限から5限まで5つの研究授業を実施し、放課後に5チームに分かれてワークショップを行った[2]。その後、学校独自で実施し、結果的には5週間の間に15の授業研究を行った。5週間後に同校を訪問したメンバーの共通した感想は「学校って5週間で変わるんだ」である。小学校の場合はどうしても学級担任の力量が影響するためか短期間での変容は見られにくいが、中学校や高等学校は多くの教員が授業に関わるので、足並みを揃えて授業改善に取り組めば比較的早く効果が表れると考える。

岩手県立盛岡第三高等学校は、「授業で勝負する」を掲げ、特に、言語活動を重視した参加型授業、「考える授業・わかる授業・力のつく授業」に取り組んでいる。筆者が訪問した際の授業研究も工夫されたものであった[3]。その日に参観した授業の大半において多くの教員が授業参観に訪れていた。50分フルで参観している教員もいるが、部分的に参観して教室や職員室に戻っていく教員もいる。教材や活動等で特にその授業で工夫・改善している場面を観て帰る。授業のどこで工夫・改善を行うのかに関する情報が事前に流れている。このような取組を日々行っている。しかし、最も感動したことは、授業の中で教員が他の教科の内容と関連付けて説明していたことである。日常的に他の教科の授業を参観しているからこそできることである。カリキュラム・マネジメントの側面の一つ目に「教科横断的な視点で教育内容を編成すること」があるが、生徒一人一人の学びの中で教科横断的な内容の関連を図っている。日常的に「知の総合化」が実現できている。

なお、前述の大岱小は授業改善・学校改革に関わる新たな取組を始めるに当たっては、会議や行事などの見直しを図るための「仕分け」を行っている。「働き方改革」が提唱される中で、今次改訂のように新たな取組が求められるに際して、これまでの経営活動と教育活動の見直し・改善は必須である。見直した結果が同じになっても、一度見直しを行うことで、質的な改善が見込まれる。

研修への意欲をいかに引き出すか

教員の研修に対する意識向上に対してもワークショップ型研修を進めてきた。筆者が関わる学校は必ずしも研修に対して教職員全員が前向きとは限らない。研修前に管理職や研究主任から「今日はアウェーですよ」と告げられて行ったことも少なくない。しかし、研修後には高い満足度を得ることができた。愛知のある小学校では年度末の異動が決まった翌日に「学校の全体計画の見直しワークショップ」を行ったことがある。結果的に高い満足度であった。異動が決まっている教員も異動先で生かしたいと述べてくれた。本誌Vol.1でも同様の取組を紹介している。

ワークショップにより教員の研修に対する意識が変わるのは以下の理由が考えられる。一つは、その学校の教員が今必要としている課題を取り上げるからである。そのために学校の実情や教員のニーズ分析は必然である。一つは、教員の力量向上を主とした課題を取り上げるのではなく、年間指導計画や授業づくりとその見直し・改善、環境整備や教材開発、ICT活用など、子供に直接関わる課題に取り組む。その過程で必要とされる知識や技能を習得したり、向上させる。一つはワークショップを通して自ら開発したカリキュラムや授業、教材への思い入れもあり、実践したいと考える。学習意欲研究の知見に

[特集] 校内研修を変えよう
■ message ■
アクティブな研修から生み出す教師力

ARCSモデルがある。研修においても、Attention（面白そう）、Relevance（役立ちそう）、Confidence（やればできそう）、Satisfaction（やってよかった）の四つの意識を参加者から引き出すことが重要である。

主体的・対話的で深い学びを通して若手教員を育てる

ワークショップ型を取り入れている学校では教師が育つ。授業研究をはじめ様々な研修課題に対して、若くても立場や専門が異なっても、その解決に向けて一人一人が自己の考えをもって、述べ合い受け入れ合うことによって、自己の考えと他の教師の考えを比べたり繋げたりすることで学びが起こるからである。

例えば、ワークショップ型授業研究には、その過程において様々な学びの場が組み込まれている。

① まず、授業参観の際には主体的・分析的な観察を引き出す。事後研で授業の各場面や様々な構成要素（板書や発問、教材、個別指導、学習形態、学習環境等々）に関してのきめ細かな協議が予定されているため必然的に主体的・分析的に授業参観に臨むこととなる。（主体的な学び）

② 協議前に参観メモを基に付せんに転記する。メモの内容を他者に理解できるように記述し直す必要がある。その時に概念整理が起こる。（主体的で深い学び）

③ 記述した付せんを出し合う。同じ場面や要素であるにもかかわらず見方や捉え方が異なる。自分なりの意見や解釈を具体的に記述しているからこそ、同僚のそれと比べることで深い学びが起きる。（対話的で深い学び）

④ 付せんを整理し小見出しを付け、グループ間の関係（因果関係や対立関係など）を矢印等で明らかにする。例えば、学習が停滞したとしたら、その直前の指導等に問題がある。授業は様々な要因・要素が複雑に絡み合っている。授業を構造的に捉える力が身に付く。（深い学び）

⑤ 分析結果を他のチームに説明する際に改めて自分の言葉で授業を関連付ける。他チームの分析結果と比べることで新たな視点を学ぶ。（対話的で深い学び）

授業者にとっても学びは多い。ワークショップ型授業研究では、授業の成果やよさ、問題点、助言や改善点がバランスよく提示される。他者に理解できる具体的なレベルで記述することが求められているので参考になる。「指導案拡大シート」や「マトリクスシート」、「概念化シート」等、各シートの特性により分析結果に違いが出るので多面的に意見をもらうことができる。若手に限らず、事後研においては授業者自身もワークショップをすることを勧めている。「何がうまくいったのか」「どこで停滞したのか」「その原因は何か」「どうすればよいか」などに関して、具体的に記述し具体的な問題意識をもった上で同僚の分析結果と比べることができる。授業者にも「主体的・対話的で深い学び」が保障される。

[参考文献]

1 熊本県立鹿本高校著、中留武昭監修『生徒の自分探しを扶ける「総合的な学習の時間」―教師が協働する熊本県立鹿本高校の実践』学事出版、2003年

2 村川雅弘著『ワークショップ型教員研修 はじめの一歩』教育開発研究所、2016年、p.51

3 村川雅弘・野口徹・田村知子・西留安雄編著『「カリマネ」で学校はここまで変わる！』ぎょうせい、2013年、pp.142-149

Profile

むらかわ・まさひろ 鳴門教育大学大学院教授を経て、2017年4月より甲南女子大学教授。中央教育審議会中学校部会及び生活総合部会委員。著書は、『「カリマネ」で学校はここまで変わる！』（ぎょうせい）、『ワークショップ型教員研修 はじめの一歩』（教育開発研究所）など。

解決！ ライブラちゃんの
これって常識？ 学校のあれこれ

「単」と「元」が合わさると
どうして「ひとまとまり」になるの？
[後編]

　「単」って一つのこと。「元」は元素とかおおもととかのこと。どちらも小さいのに「単元」となるとひとまとまりって、どういうこと？　ライブラちゃんは、そんな疑問をもって、宮城教育大学で教育実践史を研究されている吉村敏之先生を訪ねました。前回は、単元がどうやって日本に入ってきたか、どのように扱われてきたかについて学びました。今回は、単元学習を生み出した大村はま先生の実践に触れながら、単元の神髄についていろいろお話を伺うことになりました。「『単』と『元』」で『単元』？」というライブラちゃんの疑問は解き明かされるのでしょうか。

国語教育一筋77年、大村はま先生

　単元学習といえば、大村はま先生（故人）が思い浮かぶ方も多いかと思います。戦後の焼け野原で教材や文具にも事欠いていた時代に、生活に関連付けた言語活動を単元としてまとめ上げた伝説の国語教師ですね。

　今回は、大村はま先生が創り出した単元学習の一端をみながら、改めて単元について考えてみたいと思います。

　大村はま先生の考える単元とは、読書生活そのものに子供をのめり込ませて生活のレベルを上げていく試みでした。大村先生はその著書で、「人からみる単元学習は、自分からみれば言語活動の指導」と言っています。言語生活を豊かにするための言語活動、それが大村先生の目指した国語教育と言っていいでしょう。もちろんこれは、よく教師が陥りがちな"活動"中心の授業ではなく、あくまで言語能力を育てることが目指されたというところに着目したいと思います。

　ここで、大村はま氏の略歴に触れておきましょう（編集部）。

> **◆大村はま先生のプロフィール**
> 明治39（1906）年生まれ。横浜市出身。昭和3（1928）年に東京女子大を卒業。長野県諏訪高等女学校に国語教師として赴任。後に東京府立第八高等女学校へ。戦後、新制中学校の発足とともに自ら希望して江東区立深川第一中学校に転任。苦闘の中から"大村単元学習"が生まれる。昭和55年、20年間勤めた大田区立石川台中学校を最後に退職。この間、東京都教育功労賞、ペスタロッチー賞（現・ペスタロッチー教育賞）を受賞、勲五等瑞宝章を受章。定年退職後に「大村はま　国語教室の会」を主宰。日本の国語教育の向上に努める。平成17（2005）年没。著書に『大村はま　国語教室』（全16巻）『教えるということ』『授業を創る』『心のパン屋さん』など多数。

すごい人だったんですね！

大村はま単元学習の神髄は言語生活の充実

　大村先生が取り組んだ単元学習の第1号は広告の言語表現の比較というものでした。
　子供向け雑誌に掲載された鉛筆の広告を比較検討するというものです。
〈M社〉
　60年の歴史と最新の技術が保証するマーク
〈K社〉
　世界を雄飛しよう　日本の鉛筆
〈Y社〉
　いくらでも早くすべる―まったく気持ちのよい鉛筆
〈E社〉
　王者の貫禄
　これらを比較してどれが易しく、心に響くかといったことを話し合ったり考えたりするのです。戦後間もないころにこのような実践が行われていたというのは驚異です。生徒たちは授業に夢中になったといいます。

こんな授業なら
わたしも受けてみたい！

　教師が教科書以外からも適切な教材を選んでくれば子供は授業に夢中になるわけですね。
　さらには、いくつかの福沢諭吉の伝記を批判的に読み比べるという単元も開発されました。
　子供がどんな文化に触れているかを見極め、生活に立脚した教材によって、言語生活を豊かにするというのが大村はま単元学習の神髄と言えるでしょう。

　この「大村はま単元学習」は、実は後から名付けられたものです。すでに有名になっていた大村先生の授業を見た国語教育の大家・倉澤栄吉氏が命名したと伝えられています。大村先生は、敗戦後の苦難の中で生きる子供たちを、言語生活を豊かにすることによって育てていこうと単元学習を進めたのです。言語能力を培うために生涯を通じて教材を探し、授業を創っていきました。子供の生活に立脚し、どのような力を身に付けさせたいかを考えることから単元は開発されていったのです。新学習指導要領で単元が注目されていますが、そのことを改めて確認しておくべきだと思います。
——ところで、「単」と「元」の話は？
　よくは分かりませんね。明治以降、多くの和訳が作られましたがその一環だったと思われます。そもそも「単」と「元」を合わせて「単元」かという疑問が妥当ではないという人もいます。
　それよりも、優れた実践には、教師の強い思いがあるということを単元を通して知ってもらいたいと思いますね。

なんか、はぐらかされた
感じだけど、面白くてた
めになったから、いいか。
ありがとうございました。

吉村敏之　先生

1964年生。東京大学大学院単位取得退学。宮城教育大学教職大学院・教員キャリア研究機構教授。日本の教師の実践史を踏まえ、「深い学び」が成立する授業の原理と方法を研究。編著に『教師として生きるということ』など。

本の森・知恵の泉
[第5回]

飲み会における経営者の戦略とは
『稲盛流コンパ』

 「稲盛流」とは稲盛和夫の流儀

「最強組織をつくる究極の飲み会」と副題のつく本書。「稲盛流」とは、稲盛和夫氏のコンパの流儀のことだ。稲盛和夫と聞けば、多くの人は、京セラの名誉会長、日本航空の名誉顧問である人と承知だろう。

京セラは、支援者たちの力を借りて、稲盛が創業したと聞く。JALの再生・再建に貢献、京セラの盛業、JALの再建の過程では、双方ともコンパの回を重ねてきた。本書は、そのコンパの奥義を取材し、実際を詳しく紹介する。

稲盛氏が約50年前に編み出した独自の飲み会が"コンパ"（companyの略）である。従業員の考え方、組織のあり方を変えようと、稲盛氏が苦心して生み出したのが稲盛流コンパである。

コンパといえば、学生のそれを思う人もあろう。だが、それとは全く異なる。稲盛流コンパには、7つの奥義があるのだから……。

 全員参加とテーマの設定

7つの奥義の①は、全員参加の大原則である。コンパ文化は、同じ組織で働く仲間がより良い人間関係を築き、どうすれば会社が発展し皆が幸せになるかを全員で考える場である。コンパ導入の際は、何のためにコンパをするかの意義と全員参加の必然性を説く。リーダーは強引さをもって、全員参加を推進する。私事優先ではない、スタートなのである。

②は、コンパには、"テーマ"を設ける。参加者に、そのテーマを予告する。テーマは、業務に直結する内容、数値目標達成の策、哲学的な面などと制約することもない。そして、司会役を立てる。酒を用意するのは、話をする際の潤滑油の役を果たすからだ。

ついでに、③を述べよう。コンパでは、効果を最大化するため、「時間割」と「座席表」を用意する。時間を区切ることで、密度の高い議論ができ、テーマに即して座席を工夫し、上司のチェックを受ける。これも会の質の向上策だ。

 心は"利他"

『生き方』『心。』と稲盛氏の著作を読めば理解できるが、「利他」の精神を早くから教えることが大事。役員が新入社員に酒をつぎ、手酌はご法度。仲間意識を育て、仕事に対する基本的な構えを、コンパは早く作る。これが④である。

⑤は、コンパで壮大な夢を語る。この夢が大きければ大きいほど、組織は強い紐帯で結ばれる。昼間の会議ではしらけてしまうような話も、コンパの場なら自然に受け入れられる。夢を口に出すからこそ、実現に向けたエネルギーは、組織に満ちる。

⑥は、コンパでは、自らの言葉で「総括」することが大事である。参加者一人ひとりが、自分の頭で整理した事柄を、自分の言葉で発表する。単なる飲み会ではないのだから……。

『稲盛流コンパ
最強組織をつくる
究極の飲み会』
北方雅人・
久保俊介　著
日経BP

いいだ・みのる　昭和8年東京・小石川生まれ。千葉大学で教育学を、法政大学で法律学を学ぶ。千葉大学教育学部附属小学校に28年間勤務。同校副校長を経て浦安市立浦安小学校長。62年4月より千葉経済大学短期大学部に勤務し教授、初等教育学科長を歴任。この間千葉大学、放送大学講師（いずれも非常勤）を務める。主著に『職員室の経営学』（ぎょうせい）、『知っておきたい教育法規』（光文書院）、『教師のちょっとしたマナーと常識』（学陽書房）、『伸びる芽育つ子』（明治図書）ほか共著・編著多数。

千葉経済大学短期大学部
名誉教授
飯田　稔

コンパの形態は「日々進化」

さて、⑦はコンパはこれで完成ということはない。コンパの形態を、常に進化させる必要がある。一心同体になるなら、コンパは車座の形をとる。また、縦型のコンパ（部署の会）、横型のコンパ（役職の会）、縦と横をいくつも組んで重ねることで、議論は高まる。理想のコンパを求めて進化するのが、稲盛流コンパである。

ところで、稲盛流に共鳴、賛同、教えを乞う人の、全国の集まりが"盛和塾"である。会員の人たちの実践の様子をコンパ中心に示すのが、「稲盛流コンパに密着する」の章。ここには2つの実例が示されている。

そして次の章でコンパ実践の5人の企業人が、その体験を語っている。

参加者の声を2つ紹介しよう。

「感謝の心に欠けていることに経営者が気付いた」

「従業員との心の距離感が縮まった」

2例とも、会話の業績を挙げている。

コンパ導入時の悩みは

さて、コンパは、いかにして導入するか。また、その運営はどうしたらできるか。読み進みながら、それをずっと考えていた。その疑問や悩みの解決に、章が設けられてもいる。

Q&A形式をとりながら、9項目を並べてある。それを項目的に紹介しておくとする。

Q1　私は酒が飲めないのですが……
Q2　コンパ費用の負担が大変です（以下略）

これに、稲盛流コンパはいかに対応するか。盛和塾の会員9名が、1問ずつ担当し、自らの体験を語る。「なるほど」と思うものもあれば、「そうかなあ」と思うこともある。Q1のAは、飲める人は酒を飲み、飲めない人はソフトドリンクで参加。Q2のAは、1人3000円の予算。学校ではこれは無理かもしれないが、会社の業績とコンパ費用を連動させているところは面白い。

話題を学校に移す。某校で生徒指導上の問題が生起し、調査委員会が設けられた。まず気付いたことは、問題生起の学年の教員は、1回も飲み会をしていない。これでは、教員間のコミュニケーション不在。同僚性の希薄であることがわかった。困った事態である。

飲み会の必要性に気付いたが、学校の飲み会は稲盛流のような形態や雰囲気があるか。教職生活の中で、この本にあるようなことを、実践してみたらどうなるか。学校の生産性が上がるか、飲み会を増すだけか。どうだろうか。これは、お考えいただきたい。

リーダーから始めよう！
元気な職場をつくるためのメンタルケア入門 [第5回]

ストレスサインが出現し始めた時の
セルフケア〈その2〉

精神科医（精神保健指定医）・
産業医（労働衛生コンサルタント）
奥田弘美

　前々回からストレスサインとその対処法についてお伝えしています。

　ストレスが蓄積し始めた時には、心や体から「ストレスサイン」が発生します。イライラする、倦怠感がひどくなる、甘い物や酒の量が増える、便秘や下痢がひどくなる……などなど、ストレスサインは人それぞれによって違います。自分自身に発生しやすいストレスサインは多彩で、サインを見つけ、ストレスに早く気付いてセルフケアしていくことが心身の不調を防ぐ秘訣です。

　前回はこのマイ・ストレスサインをキャッチした時に自分で行う心身のケア法について、「エネルギーの消費を減らす観点」からいくつかの手法をご紹介しました。ストレスサインが発生し始めた時というのは、ストレスによって心と体のエネルギーレベルがどんどん低下し始めている状態です。まずはストレスによるエネルギーの消費を速やかに減らすことが大切です（詳しくは前号をご参照ください）。

　さてストレスの消費を絞ったあとは、今度は心と体へのエネルギーの供給を増やすことが大切です。今回は心と体にエネルギーを供給する手法をいくつかご紹介したいと思います。

（手法1）自分の「～したい」をいつもより優先する。
　「～しなければならない」「するべきだ」と自分を叱咤鼓舞して行う行動は、心のエネルギーを奪うことがほとんどです。その逆に自分自身の素直な感情で「～したい」と感じることは、エネルギーを補給してくれることが多いもの。ストレスサインの出ている時は、ちょっと自分に甘くなって、普段は抑えている「～したい」思考を優先してみましょう。有給休暇を取得してしっかり寝てゆったりと過ごしてみる、ちょっと贅沢して美味しいものを食べに行く、気のおけない友人とおしゃべりを楽しむ、趣味の絵画展や映画に行ってみるなど、日常生活の負担にならない範囲で、心の「～したい」を実現してあげてください。ただし注意するべきことは、健康に良い事柄に限ります。お酒をたっぷり飲む、甘い物を多量に食べる、夜更かししてゲームや動画に没頭するなど、健康に悪い事柄は、その時は楽しくてもエネルギーを大きく消費してしまい、結局心身をさらに疲れさせてしまいますので避けてください。

（手法2）自然と光からパワーをもらう。
　明るい太陽光線には、うつ的な気分を改善する効果があります。また植物や花々、緑の木々、海や川の水辺など、自然に接することで心は癒されリフレッシュします。心にエネルギーが不足しているときには、人工的な環境から離れて自然に触れる機会を意図的に増やしてみましょう。例えば昼休みに緑の木々の下でランチをとってみる、休日に近くの緑の多い公園や海岸や川辺へ行きぶらぶらと歩いてみる、といった手軽にできる方法で十分です。

（手法3）手軽なリラックス・ツールを活用する。
　現在のストレス社会を反映して、巷には手軽に活用できるリラックスのためのシステムやグッズが溢れています。無理にお金をかける必要はありませんが、上手に活用することで手軽にリラクゼーションや休息効果を増すことができます。いくつかご紹介しますので、参考にしてください。

○ゆったり入浴
　ぬるめのお湯で、ゆったりと時間をかけてくつろぐことでリラクゼーション効果がアップします。好きな音楽をかけたり、リラックス作用のある入浴剤を使うとさらに効果的です。

○マッサージやリフレクソロジー（足裏マッサージ）
　できるだけ人の手で触れてもらうタイプのマッサージがおすすめです。人に優しくタッチングしてもらうことで、癒し効果が得やすくなります。

○即席アロマテラピー
　アロマ精油の心身に及ぼす効果は医学的にも証明されています。質の良いアロマオイルで、気軽に芳香浴をしてみましょう。入浴の際、数的湯船に垂らしてみる。ハンカチに数滴しみこませたものを枕もとや机の横に置くといった手軽な方法で十分です。リラックスして気分を穏やかにするにはラベンダー、カモミールなどがおすすめ。気分をリフレッシュし心地よい覚醒効果を得るには、グレープフルーツ、ペパーミント、レモングラスなどが効果的です。

○お手軽な音楽療法
　一般的に長調で明るい曲想のゆったりした音楽はリラックス効果が高く、同じ長調でもテンポの速い音楽は意欲や行動力が湧く効果があるとされています。クラッシックでもポップスでもジャズでも良いので自分の好みの曲をじっくり聴いてみましょう。ちなみに悲しげな短調の音楽や悲しい歌詞の曲は気持ちを沈ませる可能性があるようなので、落ち込んでいるときには避けた方が良いでしょう。

　また過去に元気をもらったり嬉しかったりした記憶がある曲を聴くことでも、エネルギーがアップすることがあるようですので、いろいろ試してみてください。

●おくだ・ひろみ　平成4年山口大学医学部卒業。都内クリニックでの診療および18か所の企業での産業医業務を通じて老若男女の心身のケアに携わっている。著書には『自分の体をお世話しよう～子どもと育てるセルフケアの心～』（ぎょうせい）、『1分間どこでもマインドフルネス』（日本能率協会マネジメントセンター）など多数。

教育関係者向け総合情報サイト

ぎょうせい教育ライブラリ
GRAND OPEN!

Since 2019

●『学びのある』学校づくりへの羅針盤を基本コンセプトに、教育の現在に特化した総合情報サイトを開設しました！

「お気に入り」登録を！
https://shop.gyosei.jp/library/

▼「ぎょうせい教育ライブラリ」トップページ

「学校教育」の現場で今すぐ役立つ情報を発信していきます。

教育の現在が分かる無料メルマガ
「きょういくプレス」会員受付中

〒136-8575
東京都江東区新木場1-18-11
TEL 0120-953-431
株式会社　ぎょうせい

田村 学の
新課程往来
［第5回］

学校という社会資本に求められる「探究」の学び

高等学校を中心に「探究モードへの変革」が始まっています。今回は、「探究」について記します。

求められる「探究」の学び

2030年の近未来においては、想像以上の大きな変化が現実味を帯びてきています。そうした社会では、ただ単に知識を暗記し、それを再現するだけの学習を行っていても社会で活躍できる人材にはなれそうにありません。あるいは、豊かな人生を送ることも難しそうです。知識の習得はもちろん重要です。しかし、これからの社会においては、身の回りに起きている様々な問題に自ら立ち向かい、その解決に向けて異なる多様な他者と協働して力を合わせながら、それぞれの状況に応じて最適な解決方法を探り出していく力をもった人材が求められているようです。また、様々な知識や情報を活用・発揮しながら自分の考えを形成したり、新しいアイディアを創造したりする力をもった人材が求められているようです。

こうした社会で豊かに生活し、活躍していくためには、実際の社会で活用できる資質・能力を身に付けることが大切になります。そのためにも、自ら設定した課題に対して、自ら学び共に学び、その成果を自らとつなげる「探究」の学びをすることが大切になってくるのです。

高等学校では、「総合的な学習の時間」が「総合的な探究の時間」と名称変更したことなどもあり、多くの学校で「探究モードへの変革」が始まろうとしています。こうした動きは、小中学校でも、ますます顕著になっていくでしょう。

プロセスの充実と資質・能力の育成

では、実際の社会で活用できる資質・能力を身に付けるためには、どのような「探究」を行うことが求められるのでしょうか。私は、「探究のプロセス」が重要であると考えています。

資質・能力の育成は、その学習活動において、一人一人の子供が本気になって、真剣に、自らの思いや願いの実現や課題の解決に向けて取り組むことが欠かせません。なぜなら、資質・能力は本人が全力で取り組み、そうした力を発揮することの繰り返しや積み重ねによってこそ身に付くからです。

資質・能力の育成は力を発揮し続けるプロセスの充実にあると考えるべきです。解決せずにいられない課題を設定し、その課題の解決に向かって全力で取り組むことによって育成されるのです。相手にわかりやすく伝えたいと願い、発表の仕方を工夫したり実際に伝えたりしていくことで、プレゼンテーションの力は劇的に進歩していくのです。

「未来社会を創造する主体としての自覚」を確かにする

こうした「探究」を中核に据えて取り組んでいる

たむら・まなぶ　1962年新潟県生まれ。新潟大学卒業。上越市立大手町小学校、上越教育大学附属小学校で生活科・総合的な学習の時間を実践、カリキュラム研究に取り組む。2005年4月より文部科学省へ転じ生活科・総合的な学習の時間担当の教科調査官、15年より視学官、17年より現職。主著書に『思考ツールの授業』（小学館）、『授業を磨く』（東洋館）、『平成29年改訂　小学校教育課程実践講座　総合的な学習の時間』（ぎょうせい）など。

田村　学
國學院大學教授

学校が多くなっています。地域の課題を解決し、地域の活性化に向けてチャレンジした「探究」の学びのニュースが目にとまることが増えています。

この「探究」については、比較的小中学校の実践が充実している傾向にありました。しかし、最近では高等学校の優れた実践が各地に生まれ始めています。高校生の「探究」は小中学生とは比較できるようなものではありません。高校生の行動力、発想力、思考力などが、より深い本物の「探究」を実現するのです。

例えば高等学校の取組としては、次のような事例をイメージすることができます。

- サイエンスやテクノロジーと結び付けて課題を追究する
- SDGs（持続可能な開発目標）のようなグローバルな課題を自分の暮らしや地域の生活と関連付ける
- 町の未来や将来に向けて行動し、町の元気を生み出す

こうした多様で豊かな「探究」の学びは、一人一人の進路を考えることにもつながり、自らのキャリアを考えることにも結び付いていきます。小学校で着実に積み重ねてきた「探究」を担う「総合的な学習の時間」は、中学校から高等学校へと確実に広がりを見せ、今現在、教育課程の中核として位置付くようになり始めています。「探究」に対する期待や役割は、今後一層高まり続けることとなるでしょう。

このことは、実は「未来社会を創造する主体としての自覚」を確かにしていくプロセスと考えることもできます。「探究」は変化する社会に対応する人材を育成することにとどまりません。社会の変化をただ単に受け身になって受容するのではなく、未来の社会、将来の社会を、自らの手で創り上げ、構築していくという極めて前向きで積極的な姿勢を育てることに役立つものと考えるべきでしょう。まさに、「未来社会を創造する主体」を育てるのです。

これからの教育は、変化の激しい社会に対応できる人材の育成が求められています。その一方で、変化に対して受け身ではなく、そうした変化自体を生み出す能動的な存在であることも重要な人材像としてイメージする必要があるのではないでしょうか。

地域社会の維持と活性化に貢献する教育課程の創造

各学校においては、一刻も早く「探究モードに変革」しなければならないでしょう。「探究」の学びは一人一人の子供を変え、教師の意識を変え、学校を変えていきます。そして、そのことが地域をも変容させていくからです。

その意味から考えるならば、教育課程の編成と実施は、地域を活性化させ、地域の維持と発展に大きく寄与するものとなることが求められる時代がやってきたと言えるのかもしれません。少子化や高齢化といった直近に迫る現実的な問題は、地方都市を中心とした地域の崩壊や縮小を懸念させています。そうした問題にも対応する重要な役割が、学校というソーシャルキャピタルには求められているのでしょう。

続・校長室の カリキュラム・マネジメント [第5回]

専門性を読んで学ぶ

東京学芸大学准教授
末松裕基

◆経営を「学習する」ということ

　昨年度の連載・第4回目でも紹介しましたが、イギリスの大学で、何を専門に学んでいるかを尋ねるときに"何を勉強していますか（What are you studying?）"とは言わずに、"何を読んでいますか（What are you reading?）"と聞くことがあるそうです。

　学ぶことの中心には読むことがあり、努力無しには達成できないその過程と継続性が重視されています。日本の場合、「管理職」になるための勉強として、"小論文の模範解答や法律を読んでいます"との答え以外に、どれほど自信をもって"経営者として○○を読んでいます"との会話を続けられるでしょうか。

　前回は学校におけるコミュニケーションをどのように考えるかということを検討しましたが、そもそも、そのようなコミュニケーションをどのようなプロセスを経て学ぶのでしょうか。結論的に言うと、先に挙げた「読む」ということが手間と時間がかかるようですが、そのための近道になると個人的には考えています。

　こんなことを言うと、"本なんて読む暇はない"とよく言われますが、私はそのたびに"本を読まないから時間がないのでは？"といつも答えるようにしています。

　筋トレや楽器の練習と同じで、読書は毎日続けないと意味がないですし、停滞期のようなものがしばらく続いたのち、あるとき突然、ぱっと目の前が明るくなるような快感があり、しかしまた、自分の知らないことがこんなにも多くあるのかということにも気づき始め、また初心に戻る、というような繰り返しの日々を送っている方も多いのではないかと思います。

　私も疲れると本屋に行くことが多いのですが、これまでの価値観がいとも簡単に崩れるとともに、爽快感のような感情と知的にワクワクするような気持ちを得て、また明日から頑張ろうと思うことも多いです。

◆世界は一冊の本？

　そして、詩人の長田弘さんが言うように、本を読むというのは、ページの端から端まで、活字を目で追うことだけを意味しません（長田さんは「積ん読」も立派な読書だと以前おっしゃっていました。本屋に行く。本を選ぶ。買うということも本を読む行為の一部です）。

　「本を読もう。もっと本を読もう。もっともっと本を読もう」で始まる長田さんの「世界は一冊の本」という有名な詩は次のように続きます。

　　書かれた文字だけが本ではない。
　　日の光、星の瞬き、鳥の声、
　　川の音だって、本なのだ。

●すえまつ・ひろき　専門は学校経営学。日本の学校経営改革、スクールリーダー育成をイギリスとの比較から研究している。編著書に『現代の学校を読み解く―学校の現在地と教育の未来』（春風社、2016）、『教育経営論』（学文社、2017）、共編著書に『未来をつかむ学級経営―学級のリアル・ロマン・キボウ』（学文社、2016）等。

ブナの林の静けさも
ハナミズキの白い花々も、
おおきな孤独なケヤキの木も、本だ。

本でないものはない。
世界というのは開かれた本で、
その本は見えない言葉で書かれている。

◆人間を内面から理解する

　読むことはこのように広がりをもって理解できるわけです。この雑誌を読まれている方も、なにかを学ぶ際の読むことの価値を感じられているからこそ、定期購読などをなさっている方が多いと思います。

　では、テレビやインターネット、または、対面で行うコミュニケーションともどのように違うのかを考えていきましょう。

　小説家の中村文則さんは、なぜ本を読むのかということについて、「テレビなどでは人間を『外側』から見るけど、小説の多くは『内面』から見ることになる。人間の内面描写に最も適しているメディアは、小説であると僕は思っている」と述べています（『自由思考』河出書房新社、2019年、233-234頁）。

　中村さんは小説を読むことは、個人の内面を見るだけでなくそれに寄り添うことにもなり、そういう習慣をもっている人は、人間を外側から一方的に見るのではなく、個人の内面に思いを馳せ、寄り添う想像力が養われ、排外主義者や差別主義者にはなり得ないと論じています。

　小説は、一見、仕事や職務に直接的には関係がないようですが、教育というのは他者の内面を把握しようとして行っていくものですし、教育で重要になる対話もさほど簡単ではありませんので、コミュニケーション上の工夫が様々に求められます。

　読むことを通して専門性を身につけることが重要になるのは以上のような理由からです。

◆自由のために読書がある

　今年度は大学の学科主任のようなことをしている関係もあって、学生の前で教員を代表して私も挨拶をすることが多いのですが、新入生への祝辞では次のように語りました。

　「おそらくこの4年間は、人生で最も時間的余裕のある生活になります。私から申し上げたいのは、この4年間で『自分の世界を広げるために経験を積んでほしい』ということです。では経験を積むためにどのような方法が必要か。その方法を決める自由、すなわち責任が皆さんにはあります。

　授業をしっかり受けることか？　充実したサークル生活、バイト生活を送ることか？　それもありえるかもしれませんが、これらは高校生でも可能ですし、大学に来なくてもできます。

　ではどうするか。私はシンプルに考えます。とにかく本を読んでください。そして、大学生活において『真剣に向き合い考えるべき問いは何か』それを4年間追究してください」

　長田弘さんは、先の詩で「自由な雑踏が、本だ」「人生という本を、人は胸に抱いている。一個の人間は一冊の本なのだ」「どんなことでもない。生きるとは、考えることができると言うことだ」と述べました。

　ここ最近、とくに大切だと感じていますので、「本を読もう。もっと本を読もう。もっともっと本を読もう」という長田さんのメッセージを繰り返し自分にもいつも言い聞かせています。

ここがポイント！

学校現場の人材育成

[第5回]

学校現場におけるOJTによる人材育成
〈その2〉

●本稿のめあて●

前号でとりあげたOJTによる人材育成について、今回は、OJTを具体的にどのような体制で実施していくのか、また、計画はどのように策定していくのかに焦点をあて、組織的なOJTについてみていきます。

OJTの実施体制

前号では、平成20年に、東京都教育委員会が人材育成の基本としてOJTガイドラインを定めたことについて紹介いたしました。今回は、具体的に、どのような実施体制でOJTを行っていくのかについてみていきます。このガイドラインでは、OJTの「全体責任者」を校長、そしてOJTの実施を総括する「推進責任者」を副校長としています。そして校長は、「OJT責任者」を指名します。「OJT責任者」は、OJTの具体的な計画、進行管理及び評価を行う者です。「OJT責任者」は、基本的には「OJT対象者」である教員の1つ上の職層にある者、具体的には、教諭に対しては主任教諭が、主任教諭に対しては主幹教諭が、主幹教諭に対しては副校長が当たります。

校長は、「OJT責任者」に、具体的なOJTの計画を立てさせます。そして、「OJT対象者」に対して、手本となる教員や助言できる教員を決め実際に指導に当たらせる必要があります。こうした役割を果たす教員を「OJT担当者」と呼んでいます。校長は、「OJT責任者」に「OJT担当者」の候補者を人選させます。次に、副校長と主幹教諭が候補者の調整を行った上で「OJT担当者」を決定します（次ページ図参照）。

「OJT責任者」と「OJT担当者」が決定したら、職員会議等の場で全教員に周知します。また、「OJT責任者」を集め、校内における育成の方針やOJTを行う側の役割について意識付けを行うことが重要だとしています。

また、校内におけるあらゆるOJTを円滑に推進するためには、「OJT責任者」と「OJT担当者」が情報交換や協議を行う場や「OJT責任者」同士でOJTの推進について意見交換する場を定期的に設けることも必要であると明記しています。

OJTの計画策定

まずは、「OJT責任者」は校長の意向を踏まえて、「OJT対象者」にどのような力を身に付けさせるべきか明らかにします。前号で紹介した、課題別の組織体制のもとで、「OJT対象者」に生活指導の充実についてOJTを行うことを例にします。校長から指名された「OJT責任者」である主任教諭は、児童生徒の生活指導上の課題を踏まえて、「OJT対象者」が身に付けるべき力を明確にして、計画を立てます。そして、日々のOJTでは、「OJT担当者」が「OJT対象者」に対して、目標とすべき力を身に付けさせるため、いつ、どのような方法で指導助言を行うか決定して実行します。

OJTで教員に身に付けさせる力については、東京都教育委員会では、学習指導力、生活指導力・進路指導力、外部との連携・折衝力、学校運営力・組織貢献力といった4つに分類しておりますが、それぞれの自治体によっては、教員として育成すべき力の観点は異なっていると思います。いずれにせよ、OJTにおいては、さらに細分化した力を育成するOJTを行うことも可能です。OJTサイクルは、1年間という単位で動かしていくものもあれば、短期間で終わるようなものもあります。

52

明海大学副学長
高野敬三

たかの・けいぞう　昭和29年新潟県生まれ。東京都立京橋高校教諭、東京都教育庁指導部高等学校教育指導課長、都立飛鳥高等学校長、東京都教育庁指導部長、東京都教育監・東京都教職員研修センター所長を歴任。平成27年から明海大学教授（教職課程担当）、平成28年度から現職、平成30年より明海大学外国語学部長、明海大学教職課程センター長、明海大学地域学校教育センター長を兼ねる。「不登校に関する調査研究協力者会議」委員、「教職課程コアカリキュラムの在り方に関する検討会議」委員、「中央教育審議会教員養成部会」委員（以上、文部科学省）を歴任。

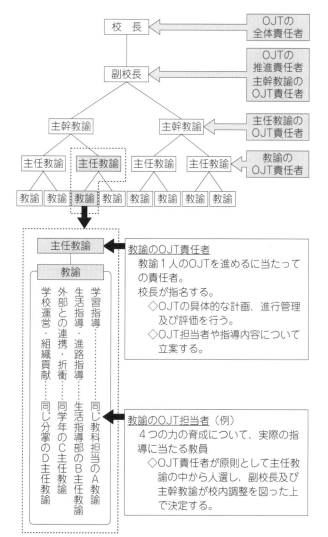

○基礎形成期の教員に対しては必ず、伸長期の教員に対しても可能な限り、OJT責任者・OJT担当者を置くこととする。
○初任者にOJTを実施する際は、指導教員をOJT責任者とする。

図　OJTの実施体制

OJTの実施

　OJTが人材育成のツールとして成立するためには、意識的・計画的・継続的に実施する必要があります。育成する側と育成される側とで、目標やOJTの具体的な方法について随時確認し合って進めていきます。

　育成される側が主体的にOJTに取り組めるように、常に意識付けを図っていくことも欠かせません。育成する側が結果や答えをすぐに与えず、教員が自分で考える場面設定をしたり適切な問いかけをしたりして、教員自身の気付きを促すことが大切です。

OJTの成果検証

　一定期間、計画に沿ってOJTを実施した後には、OJT全体責任者である校長やOJT推進責任者の副校長は、OJT対象者がどの程度目標に近付くことができたか、意欲や取組姿勢、変容などに基づき、OJT責任者やOJT担当者から聞き取りを行い評価することになります。

　成果と課題について評価する場合は、OJTを行う側だけでなく、受ける側である教員自身にも、原因を分析させることが大切です。OJTの目標の達成度が、教員の意識や意欲に左右されることもあります。また、教員自身に改善点を見付けさせることで、自分のOJTへの意識と理解が高まり、成果につながる場合があります。

　次回は、もう少し詳しく実施上の工夫について触れていきます。

今を変える

福岡県筑紫野市立原田小学校長 　手島宏樹

　スクリーンを見てください。何のスポーツかわかりますか（五郎丸歩選手がラグビー日本代表（当時）として出場した試合でキック前に見せた"ルーティン"の写真を提示）。9月20日から始まります。
　そうです。ラグビーワールドカップ・日本大会です。
　さて、皆さんは、4年前のラグビーワールドカップ・イングランド大会で大活躍した「五郎丸歩」選手を知っていますか。
　スクリーンにあるように、祈るような独特のルーティーンでおなじみの五郎丸選手です。
　今から、校長先生が五郎丸選手のエピソードを一つ紹介します。
　それは、8年前のワールドカップ・ニュージーランド大会のことです。4年前のイングランド大会で大活躍した五郎丸選手が、8年前のニュージーランド大会直前に、日本代表選手入りを逃したときのお話です。

　ある日のミーティングでのことでした。
　当時の全日本のヘッドコーチ、ジョン・カーワンとこんなやりとりが行われました。
　カーワンヘッドコーチは、ホワイトボードに、「過去、今、未来」と書きました。
　そして、カーワンヘッドコーチは、五郎丸選手に「過去は変えられるか」と問いました。
　それに対し、彼は「変えられません」と答えました。
　続いて、「未来は変えられるか」と聞かれ、今度は「変えられます」と答えました。
　すると、カーワンヘッドコーチは、こう言いました。
　「歩、おまえが変えないといけないのは、今だ。今を変えなければ、未来は変わらない」
　この言葉を聞いて、五郎丸選手は衝撃を受けたそうです。
　それを境に、五郎丸選手は、今を変えるためにがむしゃらに練習したそうです。
　そして、8年前のニュージーランド大会では日本代表メンバーに選ばれなかったけれど、4年前のイングランド大会では、日本代表メンバーにも選ばれ大活躍をしたのです。
　このやりとりを聞いて、皆さんは、何を感じましたか？
　スクリーンを見てください。
　皆さん一人一人には、しっかりとした将来の夢や目標があります。
　その夢や目標を実現するために、そして、未来を変えるために、五郎丸選手のように、今を大切にし、今を全力で生きるという気持ちをもってほしいと思います。
　これで校長先生のお話を終わります。

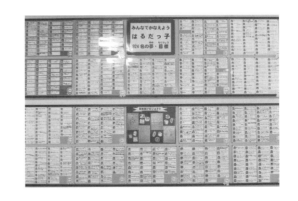

【講話のねらいとポイント】

　日本で初めてのラグビーワールドカップ・日本大会が、9月20日に開幕し、11月2日の決勝戦までの期間、日本各地で全48試合が行われます。2020年東京オリンピック・パラリンピックを翌年に控えていますが、2019年にも世界規模の大会が日本で開催されます。

　ラグビーといえば、2015年イングランド大会で、南アフリカから逆転のトライを奪い大勝利を収めた試合は皆さんの記憶にも残っていることでしょう。そのイングランド大会で大活躍した五郎丸歩選手も忘れられない存在です。五郎丸歩選手には、講話で示したエピソードがあったのです。それが「今を変える」です。

　私たち校長も、目指す子ども像、学校像の具現化のために日々「今を変える」取組を進めています。子どもたちも毎日の学習に励み、人間関係に苦慮しながらも今を一生懸命に生きています。子どもたちの頑張りを応援する意味で「今を変える」ことの意義を伝えていきたいと思います。

　ワールドカップが始まる9月、新学期が始まる9月にタイムリーな話題だと思いお届けしました。

【9月の学校経営】

　長い夏休みが終わり、2学期あるいは前期後半が始まりました。この9月は、校長として二つのことに配慮しています。一つは、子どもたちの心身の状態です。長期の休みを終え、休業期間中に規則正しい生活が行えず、体調面で不調を訴える子どもが現れる時期でもあります。朝の健康観察の際には、「朝食は食べたのか?」「ぐっすり眠れたのか?」等を尋ね、子どもの心身の状態を早期に把握することが大事だと思います。そして、気になる子どもがいたら不安感を解消するために、保護者を交えて教育相談をしたり、カウンセラーにつないだりすると早期解決が図れるものです。子どもの心身の健康チェックにより、早期発見・解決を目指す夏休み明けの「黄金の1週間」を大事にしたいものです。

　もう一つは、台風の接近です。台風は線状降水帯などの突発的な大雨と違って、事前に接近進路が予測されるので急な対応は少ないのですが、気を付けなくてはいけないのが被害の甚大さです。以前勤務していた近隣の学校では、体育館の屋根が飛ばされたり、通勤・通学途中の道路に電信柱が倒壊して通れなくなったりしたことがありました。子どもの安全確保のために、台風通過後は、校内はもちろん校区内の被害状況のチェックも大切にしたいものです。

　今回は、9月20日から開催されるラグビーワールドカップ日本大会にスポットを当て、ラグビーで活躍されている五郎丸歩選手に関するエピソードをお届けしました。

　「今を変えなければ、未来は変わらない」。校長の学校経営にも通ずるものがあります。

北京オリンピック男子バレーボール監督

植田辰哉

　私は、2004年11月から2012年7月までの約8年間、日本代表監督として選手と共に世界を舞台として目標に向かい活動しました。選手と共に過ごした時間はとても充実していました。特に2008年の北京オリンピック出場を決めたときの感動は一生忘れることはできません。

　日本代表監督を終えた後、2012年から2015年の3年間、オリンピック選手になるための基礎作りを目的として全国を回り、中学生、高校生を対象に指導しました。この間に発掘した選手の中には現在日本代表で活躍している選手もおり、来年（2020年）の東京オリンピックが楽しみです。

　2015年から2018年の3年間は新日鐵住金（現日本製鉄）大阪支社（主幹）として営業を経験しました。約30年間バレーボールしか経験していない私は新入社員同様に営業の基礎から学びました。最初は戸惑い苦労しましたが、営業で最も重要なこととして、人間関係やコミュニケーション能力、レスポンスのスピードなど、バレーボールでの経験は大きく役立ちました。新日鐵住金（現日本製鉄）での3年間は私にとって社会性を学ぶために重要な時間となりました。

　私はこれまで、選手、コーチ、監督、大手企業（管理職）としての営業と様々な経験をしてきましたが、50歳を過ぎて自らの可能性を考えたとき、「もっと学びたい」と思うようになり、2018年3月新日鐵住金（現日本製鉄）を退社し、早稲田大学大学院に入学しました。54歳で大学院に入学し、朝から夜遅くまで勉強する毎日はとても新鮮でした。

　私が入学したのは、早稲田大学スポーツ科学研究

負けてたまるか

科、トップスポーツマネジメントコースでした。担当教授は平田竹男教授で、世界的に有名な先生です。

　テニスの伊達公子さんや、西濃運輸（株）の田口社長、品川女子学院の漆理事長ほか、計8名の同期と一緒に1年間苦楽を共にしました。お陰様で2019年3月に早稲田大学大学院を卒業することが出来ましたが、修士論文を書き上げる過程では平田先生をはじめ担当教授からの温かくも厳しいご指導が夜中まで続き、心が折れそうになることもありました。「学ぶことをやめたら教えることをやめなければならない」という名言がありますが、まさに1年間学び続けることにより、脳が動いているように感じ、錆びかけていた脳が活性化され、再生されたような感覚を味わいました。

　論文審査会も終了した2019年3月、早稲田大学スポーツ科学研究科の同期8名と、和歌山県白浜町に卒業旅行に行きました。8名それぞれが修士論文のプレッシャーから解放された喜びと卒業の喜びで笑顔がはじけ、少年少女のようにはしゃぎまわりました。そして、夜中まで語り明かしました。私は54年の人生の中で大切な仲間がたくさんできました。しかし、2018年の早稲田大学スポーツ科学研究科で共に学んだ同期には、学ぶことの厳しさを共有したことによる絆が生まれました。

　現在私は母校である大阪商業大学総合経営学部で教壇に立っています。学生と共に学ぶ日々を大切にしながらも、新たな目標を探していきたいと思います。

　「人生まだまだこれから、もう一花咲かせましょう」。

●Profile●

1964年香川県生まれ。大阪商業大学商学部卒業後、1987年新日本製鐵入社。センタープレーヤーとしてバレーボール日本リーグベスト6を5年連続受賞したほか、1992年バルセロナオリンピックに日本代表主将として出場。その後、新日本製鐵監督、全日本ジュニアチーム監督などを歴任。2004年より日本代表シニアチーム監督として、北京オリンピック出場（16年ぶり）、グランドチャンピオンズカップ銅メダル（国際大会のメダル獲得32年ぶり）、アジア競技大会金メダル（16年ぶり）など。新日鐵住金大阪支社主幹、早稲田大学大学院スポーツ科学研究科等を経て、現在大阪商業大学特任教授。

2019年4月から毎月末発行

スクールリーダーのための12のメソッド

学校教育・実践ライブラリ

ぎょうせい／編

全12巻

A4判、本文100頁（巻頭カラー4頁）

1年でわが校を次代の学校へとつくりかえるわたしたちの最新メソッド。

最重要課題を深く掘り下げる〈各月特集テーマ〉

- ①（4月配本）学校の教育目標を考えてみよう〜学校目標から学級目標まで〜
- ②（5月配本）評価と指導〜全面実施直前・各教科等の取組課題〜
- ③（6月配本）これからの通知表のあり方・作り方を考える
- ④（7月配本）働き方で学校を変える〜やりがいをつくる職場づくり〜
- ⑤（8月配本）校内研修を変えよう
- ⑥（9月配本）先進事例にみるこれからの授業づくり〜見方・考え方を踏まえた単元・指導案〜
- ⑦（10月配本）思考ツールの生かし方・取組み方〜「主体的・対話的で深い学び」を「アクティブ」にする方法〜
- ⑧（11月配本）気になる子供への指導と支援〜特別支援教育のこれから〜
- ⑨（12月配本）特別活動のアクティブ・ラーニング
- ⑩（1月配本）総合的な学習のこれからを考える
- ⑪（2月配本）英語・道徳の総チェック〜全面実施の備えは万全か〜
- ⑫（3月配本）新課程の学校経営計画はこうつくる

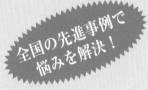
全国の先進事例で悩みを解決！

＊各月特集テーマ名は変更する場合があります。

各巻定価（本体1,350円＋税）各巻送料215円
セット定価（本体16,200円＋税）のところ
2019年9月30日までにセットご注文をいただいた場合
約11%OFF

セットご購入特価　本体 14,400円＋税　送料サービス

＊送料は2019年2月時点の料金です。

ぎょうせい

現場感覚で多彩な情報を発信。
2019年度の学校づくり・授業づくりはこのシリーズで！

●本書の特長●

① "みんなで創る"
授業づくり、学校づくり、子供理解、保護者対応、働き方……。
全国の現場の声から、ともに教育課題を考えるフォーラム型誌面。

② "実務に役立つ"
評価の文例、校長講話、学級経営、単元づくりなど、現場の「困った！」に応える、
分かりやすい・取り組みやすい方策や実例を提案。

③ "教養が身に付く"
単元とは、ユニバーサルデザインとは、など実践の土台となる基礎知識から、著名人の
エッセイまで、教養コーナーも充実。実践はもちろん教養・癒しも、この1冊でカバー。

●充実の連載ラインナップ●

創る create
●田村学の新課程往来【田村　学〈國學院大學教授〉】
●学びを起こす授業研究【村川雅弘〈甲南女子大学教授〉】
●講座　単元を創る【齊藤一弥〈島根県立大学教授〉】　ほか

つながる connect
●UD思考で支援の扉を開く　私の支援者手帳から【小栗正幸〈特別支援教育ネット代表〉】
●学び手を育てる対話力【石井順治〈東海国語教育を学ぶ会顧問〉】
●ユーモア詩でつづる学級歳時記【増田修治〈白梅学園大学教授〉】　ほか

知る knowledge
●解決！ ライブラちゃんのこれって常識？ 学校のあれこれ
●本の森・知恵の泉【飯田　稔〈千葉経済大学短期大学部名誉教授〉】
●リーダーから始めよう！ 元気な職場をつくるためのメンタルケア入門【奥田弘美〈精神科医・産業医〉】

ハイタッチな時空間を味わう
●[カラー・フォトエッセイ] Hands〜手から始まる物語〜【関　健作〈フリーフォトグラファー〉】
●[エッセイ] 離島に恋して！【鯨本あつこ〈NPO法人離島経済新聞社統括編集長〉】
●[校長エッセイ] 私の一品〈各地の校長によるリレーエッセイ〉

＊連載等の内容は変更する場合があります。

特価期間残り僅か！

●お問い合わせ・お申し込み先
㈱ぎょうせい
〒136-8575 東京都江東区新木場1-18-11
TEL：0120-953-431／FAX：0120-953-495
URL：https://shop.gyosei.jp

教育長インタビュー
次代を創る リーダーの戦略 II
[第4回]

服部和也 氏
山県市教育長

主体的・創造的な力を集め
「未来のための今」を創る教育を

　JR岐阜駅からバスで40分ほど北上した人口約2万7000人の小さな都市・山県市。平成20年度より学校支援地域本部事業を立ち上げ、その取組は平成23年に文部科学大臣表彰を受けるなど、学校と地域との密接なつながりが強みだ。この4月、新教育長として服部和也氏が就任した。体育教師として県内で教鞭を取り、行政マンとしても長く活躍してきた服部氏は、これまで山県市が大事にしてきた地域とのつながりを生かし、次代を見据えた教育のremakeを目指すという。その取組と展望を聞いた。

● 教育長インタビュー ●

3つの経営コンセプト

——山県市の教育に関する方針は。

　山県市は現在、少子高齢化、過疎化が進み、複式学級も目立ってきている状況です。そうした中にあって、山県市の強みを引き出し、主体性をもって物事に取り組んでいくため、「小さな池で大きな魚が育つ」との考えをもとに、「『ま』から『め』への経営」「『high Quality』の品質管理」「『Remake』＝再定義による山県市方式」の３つを今年度の本市教育の経営コンセプトとして提示させていただきました。

　「『ま』から『め』への経営」とは、例えば、「決まる」から「決める」への転換です。上から降りてきたものをただ受け止めるだけでなく、課題を解決していくために主体的に意思決定をし、取り組んでいこうというものです。「『high Quality』の品質管理」は、ないものねだりをせず、あるもの探しをしていく中で、キラリと光る取組を取り上げ、周知したり磨き上げたりしていこうということです。「『Remake』＝再定義による山県市方式」は、新たな課題をこれまでのものにさらに積み上げるのでなく、これまでの取組を見直すことによって、これからの教育を創っていこうということです。

学校と地域をつなぐ「学校コラボレーター事業」

——地域とのつながりが強みと聞きます。

　本市では、平成20年度に学校支援地域本部事業をスタートさせ、学校と地域の協働による学校教育の充実を図ってきましたが、これを生かしながら、平成28年度に市内全小中学校をコミュニティ・スクールに指定し、学校と地域が対等の立場で協働するシステムづくりを進めています。その一環として立ち上げたのが「学校コラボレーター事業」です。これは、学校と地域の協働による幅広く多彩な教育活動を実現させる取組で、地域が主体となって様々な活動の計画・立案、運営などが行われています。

　その一つが、高富中学校応援団本部（学校運営協議会）による「職業講話キャリアナビ」です。学校運営協議会主催の事業で、３時間（３コマ）の選択制の授業です。各分野で働く人々に仕事の内容ややりがいなどを語ってもらったり、市の職員による「まちづくり講座」を開いてもらったりしています。協議会の人脈を生かし、現在では40種類以上のメニューが開発されています。

　また、山県市商工会では、今年、「企業名鑑」を作成し、各中学校に配布していただきました。市内の様々な事業所の紹介とともに、社員たちが児童生徒の"先輩"として、仕事にかける思いや願いを盛り込んでおり、生きたキャリア教育のテキストとして活用できるものとなっています。

　また、学校コラボレーター会員登録も行っています。学校におけるゲストティーチャー、活動支援、業務補助、環境メンテナンスといった様々な分野で、学校に協力してもらえる方々に人材バンクとして登録していただき、各学校のニーズに応じて活躍していただこうというものです。現在174名の方に登録いただいており、地域の中でも浸透

学校教育・実践ライブラリ〈Vol.5〉　61

● 教育長インタビュー ●

してきたところです。今後は、「学校コラボレーター事業」を生かしながら、学校、家庭、地域が集うことによって、学校の課題を地域が解決し、地域の課題を学校が解決できる相互支援組織として、県内外からもパートナーを集い、「山県市学校パートナーズ団体」へと発展できればと考えています。

——図書館事業にも力を入れています。

　一昨年、本市では「図書館ウェブサービス・リブライズ」という民間サービスを導入しました。各学校の図書をデータベース化し、ネットワーク化することで、学校図書を地域に開放するというものです。ウェブ上での蔵書管理は、今年3月現在で、市内12の小中学校約10万冊、市立図書館3館10万冊の計20万冊となります。これを学校教育や生涯学習に生かせるものとして活用したいと考えています。すでに桜尾小学校では地域住民への本の貸し出しに取り組んでいます。蔵書のあるところに人が動くのでなく、人のいるところに本が動くシステムを目指しています。

　今後は、この取組を定着させるとともに、人が集い交流する場のあり方などを検討し、本を媒介としたコミュニティづくりにも取り組んでいきたいと考えています。

本物のアクティブ・ラーニングを

——新学習指導要領への対応は。

　本物のアクティブ・ラーニングに取り組んでいきたいと考えています。これまでは、ともすればあらかじめ決められた着地点に行き着く予定調和的な授業が行われてきたきらいがあります。結果が同じものになる授業、その成果を「1」から「5」に当てはめる評価が行われてきたわけです。新学習指導要領が求める学びは、体験的に「深く考える」ことに面白さを感じる学びの追求といえると思います。そこで、主体的・対話的な学びを通して、広く深く学ぶ授業を追求していく必要があると思っており、そのためには、本物に触れることも大事だと考えています。

　例えば、桜尾小学校では、今年、書写の授業で書道家から毛筆を学ぶ授業を行いました。書写の授業は普通、決められた筆致で同じように書くことを求められます。しかし、この授業では、同じ文字でも様々な表現があることを知ることによって、子どもたちは、協働しながら自由に表現し、書道のよさを学ぶことができました。このように、教科の授業にプロの指導を入れることによって、子どもの学びが広がる可能性があるのです。こうした学校の創意工夫によって、子どもの主体性や、思考力・判断力・表現力を育む授業を実現するために教育委員会としても支援をしていきたいと考えています。

人と人とが創る教育を目指して

——教育に対する思いは。

　「ぬくもりのある教育」です。それは、「学校内に居場所がある」「『誰にもチャンスがある学校』と言わせられる経営」「『自己責任』で決定させる指導」の実現と考えています。

　「学校内に居場所がある」というのは、例えば学

校内に教科ごとの特別教室があるように、子どもの学ぶ目的に合った居場所をつくるということ。

「『誰にもチャンスがある学校』と言わせられる経営」とは、一人ひとりの学ぶスピードが違うことが理解され、失敗が受け入れられる雰囲気を醸成する教育経営を実現したいということです。そのためには、子どもたちがそれを実感できなければなりません。子どもたち自らが、自分の学校を「誰にもチャンスがある学校」と言えるようにしたいのです。

「『自己責任』で決定させる指導」は、子どもが自ら取り組みたいと思っていることを大事にすると同時に、指導する側も、自ら意思決定し主体的に学校経営に取り組んでいってほしいという気持ちをこめているものです。

このような子ども中心の教育を様々な施策の中に取り入れ、山県市教育のブランドにしていきたいというのが私の教育に対する思いであり、願いです。

——今後の抱負を。

人が生かされ、主体的な活動が保証されることによって、本市のこれからの教育をremakeしていければと思います。

本年度から、本市では校長会を「経営者会議」、教頭会を「経営者会議B」と名称変更しました。「管理職が変われば学校は変わる」と言われます。管理職の主体的で意欲的な経営がこれからの山県市の教育を支えるものであるとの考えから、全管理職が「経営者」として、学校教育に当たってもらうことを願っています。

また、退職教員を特定の支援だけに限らず幅広いジェネラリストとして活躍してもらうことも構

想しています。退職者のもっている能力を最大限に引き出すことによって、これまでの「お助け役」でなく、学校教育の強い味方としてブランディングさせていければと考えています。

学校教育は今、大きな転換期を迎えています。それは「永遠の今」から「未来のための今」へと発想を変えていく時期であるといえます。そのためには、実体験をもとに感性や哲学を生かした生き方の軸をもち、創造性のある子どもを育てていかなければなりません。

学校・教育委員会には地域と協働しながら、そうした子どもを育てる構想力や具体的な取組の開発が求められていると思います。

私自身、危機に際しては陣頭に立つ一方、不断の取組に対してはサーバントリーダー（支援型リーダー）として、本市の教育の充実に努めていければと考えています。

（取材／編集部　萩原和夫）

Profile

はっとり・かずや　昭和35年生まれ。昭和58年岐阜大学を卒業後、八百津町立久田見中学校で体育教師として教職をスタート。岐阜県内の中学校、岐阜市教育委員会・岐阜県教育委員会を経て、平成24年岐阜市立三里小学校で校長に。翌年度より岐阜市教育委員会学校指導課長、26年岐阜県教育委員会へ転じ、体育健康課教育主管、学校安全課長、義務教育総括監を歴任。本年4月より現職。

ONE THEME FORUM
ワンテーマ・フォーラム

現場で考えるこれからの教育

■今月のテーマ■

夏～私のGood News

長梅雨から一転、猛暑続きとなった今年の夏、
メリハリというよりは、季節が不連続となってきた昨今の日本列島です。
不連続といえば、夏休みを終え、2学期初めに登校してくる子供たちを見て、
急に変わった面影や、大人びた振舞いを感じることがあるでしょう。
夏はそんな不連続な成長をもたらす季節といえるかもしれません。
学校現場の先生方にとっても、通常の学校生活とは違う"非日常"を味わう時期です。
今回は、「夏～私のGood News」と題し、
今年、あるいはこれまでの夏の体験や実践などを通して、
教師としての成長や人間的な深みをもたらしてくれたエピソードを語ってもらいました。

■ご登壇者■

兵庫県伊丹市立池尻小学校長	礒田　かおり	先生
兵庫県伊丹市総合教育センター主幹	永嶺　香織	先生
兵庫県伊丹市立池尻小学校教諭	中田　智継	先生
兵庫県伊丹市立北中学校教諭	横山　弘輝	先生
関西福祉科学大学教授	大脇　康弘	先生

ONE THEME FORUM
ワンテーマ・フォーラム
夏〜私のGood News

夏を振り返り、未来につなげる

兵庫県伊丹市立池尻小学校長　**礒田かおり**

　アマゴという川魚がいます。体の横に丸い模様が並んでいるその美しい魚は、水のきれいな渓流にしか生息しません。私が初任で赴任した岡山県北部の地域では「ヒラメ」と呼ばれていました。渓谷の水を引き込んだ簡易プールは身が縮むほどの冷たさでしたが、夏になると子供たちは下校後その冷たい川にもぐって、家の人に作ってもらったヤスを使い「ヒラメ」を追って遊んでいました。

　初めて小学校へ赴任するために国道から小学校に続く道に曲がるとき、当時の校長先生に「この道からは、出会う全ての人にあいさつをするように」と教えていただいたことを今でも時々思い出します。

　教師としての原点である豊かな自然と温かい人間関係に恵まれたこの地域を管理職になった夏に再訪しました。蝉の鳴き声だけが響く村の道の向こうから、一人の小学生が歩いてきて、すれ違うとき、私の目を見て「こんにちは」と笑顔で挨拶をしてくれました。きっと、この少年にとってはこの地域で出会った人と挨拶することは、当たり前のことなのでしょう。その自然なコミュニケーションの力に衝撃を受けたことを今も忘れません。

　現任校に校長として赴任して4年目。子供たちには、明るい挨拶をするようにあらゆる機会をとらえて働きかけています。社会総がかりでの教育と言われていますが、子供たちを大切に思うたくさんの大人たちに見守られ、安心できる人々との信頼関係の中で自然に挨拶を交わすことのできる子供たちを育みたいと願っています。そこで、地域やPTAと連携して図書ボランティアと園芸ボランティアを立ち上げました。それぞれに十数名がメンバーに登録し、ありがたいことに少しずつ増えています。

　図書ボランティアは、月に1〜2回学年ごとに絵本の読み聞かせをしています。保護者の方が多く、どんな本を読むか図書館で探し、家庭で我が子に読み聞かせて反応を確かめたり、メンバーで交流したりしてから、各学級での読み聞かせに来られています。1年生から6年生までどの学年の子供たちも、読む人と一緒に絵本の世界に浸り心を動かし、豊かな時間を楽しんでいます。

　園芸ボランティアは、週1回程度入れ替わり立ち替わり校庭で草を抜いたり、あじさいの挿し木を一緒にしたりして、交流を深めながら活動しています。土曜日に子供と一緒に来て、数家族の親子が楽しそうに汗を流す姿を見ると、とても嬉しくなります。

　学校を核として、保護者や地域の人どうしが交流を深め温かい人間関係を築き、その中で子供たちが安心して心を開いて、周りの人々と挨拶や言葉を交わすという、あの夏の日に見た豊かな環境が整いつつあると感じています。

　教師になって30年以上が過ぎました。不易と流行。時代は大きく変化し求められる力も変わってきていますが、心豊かな子供たちを育成するために、人と人のつながりをますます大切にしていくしかけをこれからも考えていきたいと思います。

ONE THEME FORUM

ワンテーマ・フォーラム

夏〜私のGood News

振り返りたくなる夏を過ごす

兵庫県伊丹市総合教育センター主幹 **永嶺香織**

「先生は夏休みがあっていいね。旅行とか行きたい放題ね」と羨ましがられてスタートした教員生活。

中学校教員である私にとっての振り返りたくなる夏の1つめは部活指導に苦労した夏です。剣道、サッカー、バレーと未経験の種目の顧問を任されましたが、特に未経験者の私が剣道を指導するのは大変苦労しました。なかでも苦しかったのは夏休みです。お盆の3日間以外は活動するのが当たり前の時代。苦しむ私を見かねてコーチを探してくださった校長先生。練習を助けに来てくださった保護者。周りの人のおかげで夏の練習を乗り越えられました。剣道は上手に教えられないけれど、「人に支えられて部活動ができる感謝の気持ちを忘れないこと」は私にも指導できると思い、何度も生徒に話をしました。このチームはその後の新人戦で団体優勝を果たしましたが、試合終了後に温かい感謝の気持ちを私に伝えてくれたことは今も忘れられません。生徒と共に学び、部活指導の意義を実感した夏でした。

そしてもう1つ、これからもきっと振り返るだろう夏。それは指導主事として過ごしてきた夏です。

現在、教育委員会の指導主事として7年目を迎えました。1年目は、教職員のための研修を行う総合教育センターに配属されました。

夏を迎え、学校よりは休暇もとれるだろうと思ったのも束の間、目が回るような忙しさでした。夏期休業中のセンターは研修講座が目白押しなのです。部活指導に追われ、じっくりと研修することができ

なかった私にとって、著名な講師による教育界の動向や教育課題に関する研修、管理職向けの学校経営に関する講座等も実施することで、指導主事としての知見を広げる大きな学びとなりました。

2年目から6年目までは部署が替わり、学力向上担当となりました。学力調査等の分析に始まり、課題改善のための方策を検討しました。どうすれば子供の学力が上がるのだろうか、と事業展開のための軸を考える夏が続きました。悩み苦しみ、課題解決を図ることの困難さを実感しましたが、そのおかげで鍛えられ、スキルアップが図られたと思います。

7年目、総合教育センターにまた戻ってきました。

今年もセンターの夏が始まり、のべ1960人がそれぞれのキャリアステージに応じた研修に来ます。多くの先生と一緒に学べることが今は楽しみです。

先日は、研修を受講した初任者の学級経営についての悩みを聴き、指導法について一緒に議論しました。自信を失いかけていた顔が「2学期に頑張ってみます」とぱっと明るい顔になりました。この若い先生にとっても、「教師として成長するきっかけになる夏になれば」と願っています。

振り返ってみると、「節目ごとに教員として成長させてくれるのは、様々な経験をすることができた夏だった」と今は思っています。友人が言ったような夏ではありませんが、これからも自分自身を磨くことができる振り返りたくなるような学びの夏を過ごしたいと思います。

ONE THEME FORUM
ワンテーマ・フォーラム
夏～私のGood News

パワフルな先生との出会い

兵庫県伊丹市立池尻小学校教諭　中田智継

　夏休みになると様々な研修を受ける機会があります。私が研修の内容と同じくらい楽しみにしているのが「どんな講師と出会えるか」です。中でも、このような伝え方もあるのだと感銘を受けた講座があります。その講師は、大阪のおっちゃんのような大きな声と親近感のある話しぶりで、まず受講者を圧倒しました。また、手作りの写真と文字の資料を使って漫談のように話を進める中で、笑いあり感動ありで気がつくと時間が過ぎていました。

　講師の先生方はテーマに関して誰よりも研究し、豊富な見識をおもちです。しかし同じテーマでも講師によって話し方や研修の進め方が全く違います。先ほどの講師のように表情豊かに話す方、話題のニュースや自身の最近の出来事など身の回りのネタから入る方、作りこまれた資料を用いて話す方。様々な方法で受講者の興味を引きつけています。またこちらの様子を見て反応の悪さを感じると、内容を噛み砕いて臨機応変に進めてくださる方もいます。そういった研修では、いつの間にかテーマの世界に引き込まれ、もっと勉強してみたいという気持ちにさえなります。

　たくさんの講師の先生方との出会いの中で、専門分野の深い研究をもとに、様々な人生経験や何事も前向きに考え楽しむ姿勢が、相手を引きつける魅力を生むのだと感じました。

　ふと自分自身を振り返ってみると、子供たちにとって「興味をもって取り組める授業」ができているのかと思うことがあります。私たち教師は年間で数日、多くても数十時間分しか研修を受けることができません。しかし、子供たちは毎日朝から夕方まで授業を受けています。興味をもって前向きに授業を受けることができるかどうかで、学びに大きな差が出るのは間違いありません。

　教師として、日々の授業改善や子供の実態把握をしたり、ICT機器など、新たなものを積極的に取り入れ効果的に活用したりすることはもちろんです。加えて、日々を楽しみ前向きに生きる姿勢が子供たちにも伝わっていくのではないかと思います。

　私は毎年夏になると、様々なアーティストが出演する音楽フェスに行き、エネルギーをもらってきました。最近は行く機会は少なくなりましたが、代わりに久しぶりにギターを取り出して友人と演奏を楽しみ、活力をもらっています。

　学校も明るく前向きな教師たちがそれぞれの持ち味を生かし、練られた案で授業をする。そうすればきっと子供たちは興味をもって積極的に授業に参加できるようになり、力も伸びていく。そして教師も授業を楽しむというよい循環ができるのではないかと思います。

　夏休みが終わると、行事に日々の学習に忙しい毎日が始まりますが、子供たちには授業が面白い、学校が楽しいと思ってほしいものです。子供たちにとって「教師との出会い」が素晴らしいものとなるように、私自身も学び続けていきたいと思います。

ONE THEME FORUM
ワンテーマ・フォーラム
夏〜私のGood News

若手の私にとって貴重な「夏休みの部活動」

兵庫県伊丹市立北中学校教諭　横山弘輝

　今年も夏休みが始まりました。毎日の忙しさがずいぶん和らぎ、少しゆったりと生活しながら、来る2学期に向けての準備を進めているところです。

　生徒たちはどんな生活を送っているのだろうかと気になり、部活動の練習に来ていた数名に話を聞くと、「コンサートに行った」「昼前まで寝ている」「塾で忙しい」など様々な回答が得られました。中には理科の宿題になっているセミの抜け殻集めに力を入れているという生徒もいました。

　私自身の中学時代を振り返ってみると、夏休みの記憶のほとんどが部活動です。野球部に所属していたので、毎日暑い中登校し、「今日こそバッティング練習があるといいなあ」と期待しながら練習に参加していたことを覚えています。

　教師になって1年目の夏休みのことです。当時、私はサッカー部の副顧問でした。ちょうどその年は校舎の改修工事で、普段使用しているグラウンドが工事用地になっており、連日自転車や電車で他校での練習試合へ引率していました。サッカーの経験はないため競技に関する指導は全くできず、安全第一で生徒を試合会場まで連れて行き、会場ではサッカーの試合を眺めながら部員と雑談をする「引率教員」として夏を終えました。

　2学期に入り、体育大会や文化祭など行事への取組で忙しくなる中、肝心要の英語の授業がなかなかうまくいかず悩むようになりました。何もかもが初めてで、先輩の先生方にご指導いただきながら悪戦苦闘する日々でした。

　そんなある日、大変お世話になっていた同じ学年の先生が、「あの子らが先生の授業を何とかきいているのは、夏休みに先生がサッカー部の子を毎日毎日練習試合に連れて行っていたからかもしれないなあ」とおっしゃいました。

　実際、授業中のやり取りで彼らに助けてもらうことが多くありました。わかりにくかったところの質問や宿題の確認にも来てくれていました。当時授業を受け持っていたクラスには平均して6名前後サッカー部員がいたことを考えると、彼らの協力あっての授業だったように思います。

　教師3年目になった今年、改めて実感しているのが、授業には「教科の指導力」と「生徒との関わり」の両輪が不可欠だということ。まだまだ経験が浅く「教科の指導力」の高くない私にとって、「生徒との関わり」はなくてはならないものです。

　「働き方改革」の流れによって、教員が部活動に関わることのできる時間はこれからますます少なくなっていくかもしれません。だからこそ、夏休みに生徒たちと関わることのできる限られた部活動の時間は貴重です。今年は陸上部顧問として、生徒との関わりを大切にしながら、暑い夏を過ごしていこうと思います。

ONE THEME FORUM
ワンテーマ・フォーラム
夏〜私のGood News

『えほんのせかい こどものせかい』に遊ぶ

関西福祉科学大学教授　大脇康弘

　「絵本の世界」、その広がりと奥行きに魅了されています。夏休みにはゆったりと「絵」を眺め、「ストーリー」を楽しんでいます。子供のこころに返って、絵本のページをめくり、絵を読み、お話を味わう時空間は極上です。

　幼児は大人に絵本を読んでもらうことが何よりの楽しみです。子供は「絵を読み、お話を聞く」といいます。お気に入りの本は、何回読んでもらってもあきることはなく、「もう1回」とおねだりします。子供はちいさな生活経験を手がかりに想像力の羽を広げて、絵本の世界を楽しみます。この次はどうなるのかな、やっぱり私の思ったとおりだと納得しながら、お話の世界に入り込みます。お話の世界を繰り返し楽しみ、大人とやり取りする中で、子供は情動をゆたかにします。

　子供たちに絵本を読んであげたいものです。子供たちの素直な反応に触れ、やり取りすることは、大人のこころを柔らかくします。共働きで子育てに追われた日々がよみがえります。そして、子供の成長と育ちを感じることは何よりうれしいことです。

　筆者は60歳代になって、保育学の世界に足を踏み入れ、絵本の世界に引きつけられました。保育実践者は子供たちに絵本を読み聞かせてきた実践知を身に付けています。絵本のあらすじ、読み聞かせの留意点をまとめた短い文にも、文章のやわらかさ、あたたかさがあり、絵本作家への敬愛の念が表れています。また、絵本学では、研究者・実践者が絵の色、形、構成、変化を考察し、テキストを分析することを通して、絵と文の作品世界を浮き彫りにしています。例を挙げてみましょう。

　『ぐりとぐら』（中川李枝子作、大村百合子絵、福音館書店、1967年）は、日本発で世界10言語で翻訳されている絵本です。野ネズミの兄弟ぐりとぐらが、森の中で大きなたまごを見つけ、大きなカステラを焼いて、森の仲間たちみんなで食べるお話です。

　松岡享子さんは東京子ども図書館を設立し絵本の読み聞かせを実践してきた人ですが、『えほんのせかい こどものせかい』（文春文庫、2017年）で次のように指摘しています。

　「文章は素直で歯切れよく、そのまま読んでいけばひとりでに調子がついてくる。着想の面白さ、絵の愛らしさもさることながら、文章に内在するリズムがこの絵本の大きな魅力となっている。」

　一方、『ベーシック絵本入門』（ミネルヴァ書房、2013年）で今田由香さんは、「みんなで食べる黄色いカステラ」と端的にまとめます。絵は白地を背景に、ぐりの青、ぐらの赤、カステラの黄色がきわだつ配色で、ぐりとぐらのやりとりは、「〜しようね」「そいつがいいや」というように終助詞が効果的に使われ、提案と同意の相互作用が「親和性」を高めていると考察しています。

　この実践者と研究者の両方向からの営みを大切に、純粋に「絵本の世界、子供の世界」に遊んでいます。

オススメ！教育関係図書のご案内

「主体的・対話的で深い学び」を実現する
授業研究の決定版！

実践！
アクティブ・ラーニング研修

村川雅弘【編著】　　　　　　　　B5判・定価（本体2,100円＋税）

- 新教育課程が求める授業づくりと研修の進め方がわかる！
- 学校経営・授業づくり・研修方法など様々な取組み課題や方策を理論と事例で詳解。校内研修・自己研鑽に最適の一冊！

「カリキュラムマネジメント」の理論と実践を集大成！

カリキュラムマネジメント・ハンドブック

田村知子・村川雅弘・吉冨芳正・西岡加名恵【編著】
B5判・定価（本体2,300円＋税）

- 「カリキュラムマネジメント」の入門から応用まで、すべてのエッセンスを一冊に凝縮。
- 「チーム」としての学校づくりに、学校ぐるみの学力向上に、すべての教師の授業力向上に。学校活性化の新たな定本！

小中一貫教育の制度化について、
Q&A形式でわかりやすく解説！

Q&A 小中一貫教育
～改正学校教育法に基づく取組のポイント～

文部科学省小中一貫教育制度研究会【編著】　　A5判・定価（本体2,700円＋税）

- 制度化された小中一貫教育（義務教育学校）について、制度の概要から取組に必要な手続、運用方法、留意点などをQ&A形式で具体的にわかりやすく解説！

ご注文・お問合せ・資料請求は右記まで

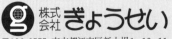

〒136-8575　東京都江東区新木場1-18-11

フリーコール
TEL：0120-953-431 [平日9～17時]
FAX：0120-953-495 [24時間受付]
Web　https://shop.gyosei.jp [オンライン販売]

これを読めば、明日から"自信"が持てる!!

お悩み解決! 公務員のための クレーム対応駆け込み寺

(株)アイベック・ビジネス教育研究所 人材教育コンサルタント
関根 健夫【著】

相談者との対話形式でクレームケースを紹介！

内容見本（縮小）

累計3万部売れた
大人気シリーズの最新刊！
毎日、寄せられるさまざまな
ケースをわかりやすく解説。

好評シリーズ 第3弾!!

A5判・定価（本体2,200円＋税）
電子版 本体2,200円＋税

※電子版は ぎょうせいオンラインショップ 検索 からご注文ください。

主な内容

第1章 こんなお客さまにどう対応する？
- ある保護者にインターネット上で主張を発信され、困っています

第2章 お客さまからこんなことを言われたら？
- 「録音するぞ」と言われました。断ることはできるのでしょうか？

第3章 どうしてもわかってくれない理不尽なクレーマーへの対応は？
- 近隣住民からイベント開催にクレームを言われます
- 周辺住民から、学校へのクレームがひんぱんに来ます

第4章 こんなとき、どうしたらいいの？公務員のジレンマ…
- 上司がクレームに対応してくれません

著者紹介

○**関根健夫**（せきね・たけお）
(株)アイベック・ビジネス教育研究所代表取締役
武蔵工業大学（現、東京都市大学）工学部建築学科卒業。藤和不動産株式会社（現、三菱地所レジデンス）を経て、(株)アイベック・ビジネス教育研究所を設立。現在、地方自治体、消防、警察等の職員を中心にクレーム対応の研修、講義を行っている。
※肩書きは、2019年7月現在のものです。

好評発売中！

第1弾！ シリーズ基本編
●こんなときどうする
　公務員のためのクレーム対応マニュアル
　　関根健夫／著　定価（本体2,286円＋税）

第2弾！ シリーズ実践編
●事例でわかる
　公務員のためのクレーム対応マニュアル 実践編
　　関根健夫／著　定価（本体2,250円＋税）

株式会社 **ぎょうせい**

フリーコール
TEL：0120-953-431 [平日9～17時] FAX：0120-953-495
https://shop.gyosei.jp
ぎょうせいオンラインショップ 検索

〒136-8575 東京都江東区新木場1-18-11

講座
単元を創る
[第5回]

「縦」と「横」を意識した単元づくり
見方・考え方の成長の連続を意識する

島根県立大学教授
高知県教育委員会事務局学力向上総括専門官
齊藤一弥

■summary■
これまでの単元づくりを問い直し、見方・考え方を基盤とした系統や関連を再確認して、その成長をささえる学びを描くことが大切である。子供が見方・考え方を積極的に働かせていけるように学びの「縦」と「横」の関連を意識した単元を描くことが期待されている。

見方・考え方の成長を意識した単元の在り方

　資質・能力ベイスの授業では、子供自らが見方・考え方を働かせて学びを切り拓いていくことが期待されている。このことは、子供に学習内容を見方・考え方でつなぐことやその関連に関心をもてるようにするために、見方・考え方で単元間の関係や関連を見つめ直すことが必要なことを意味している。これまでの単元を問い直し、その系統や関連を再確認して学びを描くことで、子供の見方・考え方はさらに鍛えられ、成長していくことが可能になり、その結果として身に付ける資質・能力を獲得していくことになる。

見方・考え方の成長を「縦」につなぐ

　例えば、中学校数学の「数と式」領域の方程式の学習では、第1学年で「一元一次方程式」、第2学年で「連立二元一次方程式」、そして、第3学年で「二次方程式」を学んでいく。子供がそれぞれの学習で身に付けた見方・考え方を働かせながら、内容のつながりを意識しながら学び進んでいくことになる。各単元においては、「方程式を解くとはどのようなことをしているのか」と確認しながら、数量の関係に着目するとともに解決方法を統合的に捉えていくことを繰り返していくことが大切である。

　そこでは、一次方程式で確認した「文字は1つで等式の形になれば解は決まる」ことを基にして、「文字を1つにするためにはどのようにすればよいか」という視点から見方・考え方を働かせて学び進んでいくことになる。一元一次方程式の解決方法の延長線上に、連立二元一次方程式、そして二次方程式の解決方法を見出していくことができれば、「多くの解決方法を覚えなくても、同じ見方・考え方で問題を解決することができる」と解決方法の価値やよさを実感しながら確かな理解を図ることができる。

　しかし、ここまでくると中学校までの学習経験にも関心をもつことが必要であることが分かる。先述のとおり「一元一次方程式」は、等式の性質（左辺と右辺の同値な関係を保ちながら目的に応じて式変形をして最終的に $x = k$ の形にすること）によって解を求めるわけだが、この性質の理解には、小学校で鍛えられてきた見方・考え方が働くことが期待される。次の図のように、小学校では計算の性質を理解するために、式と式の関係を見たり同値な関係に着目したりするなどして数量の関係についての見方・考え方を育ててきているが、これらが土台となって等式の性質の理解をすると

```
小学校1年
たしざんの性質        ひき算の性質
1 + 1 = 2           10 - 1 = 9
1 + 2 = 3           10 - 2 = 8
1 + 3 = 4           10 - 3 = 7
1 + 4 = 5           10 - 4 = 6
たす数が1増える・減ると答えも1増える・減る
⇒左辺が1増える・減ると右辺も1増える・減る

小学校3年
かけ算の性質
 2 × 3 = 6
 ↓×10 ↓×10   （2×10×3＝6×10）
20 × 3 = 60
かけられる数が10倍になると、答えも10倍になる
⇒左辺と右辺に同じ数をかけても両辺の大きさは変わらない
```

ともに、その性質を利用して一元一次方程式の解き方を見出していくことになる。

このように学年を越えて単元で育成する見方・考え方を「縦」に確実につないでいくことが重要であり、子供は見方・考え方を働かせることで知識や技能のそれぞれがバラバラなものではなく、関連したもの、そして統合されたものとして認識するようになり、資質・能力を支える体系化された概念として身に付いていくことになる。

見方・考え方の成長を「横」で支える

二元一次方程式では、$ax + by + c = 0$は未知数を求める式として捉えるが、同学年で学習する「関数」領域の一次関数においては、それを2つの変数xとyの間の関係を表した式として捉える見方を扱っている。二元一次方程式のxとyの数量関係に着目すると、「xの値が決まればyの値がただ1つ決まる」という関数的な見方を育成するわ

```
二元一次方程式のグラフの交点の意味
二元一次方程式を一次関数の式としてみる
2つの一次関数のグラフの交点
            ↓
  2x + y = 10 ⇒ y = -2x + 10 （一次関数）
   x + y = 7  ⇒ y = -x + 7  （一次関数）
            ↓
    連立一次方程式の解
    座標平面上の2直線交点の座標
```

けである。また、一次関数においては、二元一次方程式のxとyの解の集合を座標平面上の点の集合（これが直線になる）として捉えることも扱う。一次関数と連立二元一次方程式の学習とを関連付けることで、改めて方程式の解の意味を捉え直し、より深く理解することを可能にする。座標平面上に示された二直線の交点が、連立二元一次方程式の解としても求められることを、一次関数のグラフを用いて考察することによって連立方程式の解の意味を視覚的に捉えることができる。

このようにして、一次関数で育成された見方・考え方が、連立二元一次方程式の学習内容を深く理解することになるわけだが、見方・考え方の成長には、同じ領域の内容を積み上げていくことはもちろんであるが、関連する内容を扱う単元の「横」の関係をも意識しながら単元を描くことも重要であることが分かる。

見方・考え方という視点から学びの「縦」と「横」の関連を意識した単元を描くことで、子供は学びから得た見方・考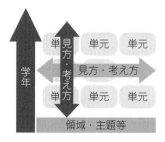
え方を働かせながら学び続けることができるようになる。子供が自らの見方・考え方という経験知に開かれた学びを可能にするために、改めて単元間の在り方を捉え直すことが期待されている。

[引用・参考文献]
- 齊藤一弥・高知県教育委員会編著『新教育課程を活かす能力ベイスの授業づくり』ぎょうせい、2019年

Profile
さいとう・かずや　横浜国立大学大学院修了。横浜市教育委員会首席指導主事、指導部指導主事室長、横浜市立小学校長を経て、29年度より高知県教育委員会事務局学力向上総括専門官、30年10月より現職。文部科学省中央教育審議会教育課程部会算数・数学ワーキンググループ委員。近著に『新教育課程を活かす能力ベイスの授業づくり』。

連続講座・新しい評価がわかる12章 [第5回]

評価観点「思考・判断・表現」

● POINT ●

「思考・判断」「技能・表現」から「思考・判断・表現」になった意味内容を理解していることが重要。その上で、三つの課題解決過程を意識した学習を実施し、「思考・判断・表現」を評価する。「考えるための技法」を活用した学習過程を工夫することから始めてみよう。

●まずは、「思考・判断」「技能・表現」から「思考・判断・表現」への確認から

「思考・判断・表現」の評価は、これまでも評価観点として重視されてきたものであり、その考え方に大きな違いはないが、今次の改訂によって一層詳細にその趣旨の明確化が図られたといえる。

周知のとおり、平成13年の指導要録改訂時点の4観点では「思考・判断」と「技能・表現」とに定められており、「表現」は「技能」と一体的な観点とされていた。それが、平成22年の指導要録改訂時の4観点では「思考・判断・表現」と「技能」となり、「表現」が「思考・判断」と一体的な観点として示されたのである。この点について、これは「学力の3要素」と呼称されるような、学校教育法第30条2項等において「基礎的な知識及び技能」「思考力、判断力、表現力その他の能力」「主体的に学習に取り組む態度」が示されたことから、法令等に合わせた語句の移動のみと捉えていては理解不足であろう。

すなわち、各教科の内容等に即して思考・判断したことを、その内容を表現する活動と一体的に評価することを「思考・判断・表現」として設定したものであり、基礎的・基本的な知識及び技能を活用し課題を解決するために必要な思考力・判断力・表現力等について、「思考・判断・表現」として評価されるものである。

換言すれば、「思考・判断・表現」における「思考・判断」に続く「表現」とは、言語活動を中心とした表現に係る活動や、作品等を通じて行うことを明確にするものなのである。単に文章や図表に整理し記録する表面的なテクニカルなことを評価するのではない。すなわち、基礎的・基本的な知識・技能を活用し、各教科の内容等に即して思考・判断したことを、記録、要約、説明、論述、討論といった言語活動等の表現を通じて評価するものだったのである。

●「知識及び技能」を活用して課題を解決するために必要な「思考・判断・表現」を評価する

さらに、今次の学習評価においては、「思考・判断・表現」の評価とは児童生徒が「知識及び技能」を活用して課題を解決する等のために必要な思考力・判断力・表現力等を身に付けているのかを評価するものであるものとして、「知識及び技能」を活用し課題を解決する等には、以下のア～ウの「知識及び技能」を活用して課題を解決する過程が明確に示された。

すなわち、ア.物事の中から問題を見いだし、その問題を定義し解決の方向性を決定し、解決方法を探して計画を立て、結果を予測しながら実行し、振り返って次の問題発見・解決につなげていく過程、イ.精査した情報を基に自分の考えを形成し、文章や発話によって表現したり、目的や場面、状

関西学院大学教授 佐藤 真

さとう・しん　1962年、秋田県生まれ。東北大学大学院博士後期課程単位取得退学。兵庫教育大学大学院教授、放送大学大学院客員教授などを経て、現職。中央教育審議会専門委員、中央教育審議会「児童生徒の学習評価に関するワーキンググループ」委員、文部科学省「学習指導要領等の改善に係る検討に必要な専門的作業等」協力者、文部科学省「教育研究開発企画評価会議」委員、文部科学省「道徳教育に係る学習評価の在り方に関する専門家会議」委員、国立教育政策研究所「総合的な学習の時間における評価方法等の工夫改善に関する調査研究」協力者、独立行政法人大学入試センター「全国大学入学者選抜研究連絡協議会企画委員会」委員などを務める。

況等に応じて互いの考えを適切に伝え合い、多様な考えを理解したり、集団としての考えを形成したりしていく過程、ウ.思いや考えを基に構想し、意味や価値を創造していく過程、という三つの過程である。

したがって、「思考・判断・表現」の評価を行うということは、まずは思考力・判断力・表現力等を育成するような学習活動を積極的に展開することが必要であろう。具体的な学習活動としては、①児童生徒の生活世界を知り、日常生活や体験的な活動において児童生徒が感じ取ったことを言葉や歌・絵・身体などを用いて表現する学習活動を行う、②身近な動植物の観察や地域の公共施設等の見学の結果等の事実を記述・報告する学習活動を行う、③学習内容での概念・法則・意図を解釈したり、知識を活用したりして、説明する学習活動を行う、④学習や生活上の課題について、事柄を比較・分類・関連付けるなどし、課題を整理する学習活動を行う、⑤グラフや図表などの複合的な資料や様々な情報を読み取ったり、分析・評価したりし、それらを自分の知識や経験に照らし合わせて、所与の条件の中で分かりやすく表現し論述する学習活動を行う、⑥課題について、構想や仮説を立て、創作活動や観察・実験を行い、その結果を整理・評価・考察し、まとめ・表現したり改善したりする学習活動を行う、⑦予想や仮説の検証方法を考察する場面や将来の予測に関する問題場面等で、討論や議論で互いの考えを伝え合い深め合いながら考え、自らの考えや集団の考えを発展させる学習活動を行う、などである。

● 「考えるための技法」を活用した学習過程を創意工夫することから始めよう

現在、「主体的・対話的で深い学び」による授業改善の試みが見受けられる。重要なことは、認知スキルを身に付けながら考え判断することである。そこで、是非「考えるための技法（小・総合の『解説』；pp.82-86）」を参考にし、「思考・判断・表現」を確実に評価できる学習過程を構築してほしい。

「考えるための技法」とは、考える際に必要になる情報の処理方法である。具体的には、以下のとおりである。順序付ける（複数の対象について、ある視点や条件に沿って対象を並び替える）、比較する（複数の対象について、ある視点から共通点や相違点を明らかにする）、分類する（複数の対象について、ある視点から共通点のあるもの同士をまとめる）、関連付ける（複数の対象がどのような関係にあるかを見付ける。ある対象に関係するものを見付けて増やしていく）、多面的に見る・多角的に見る（対象のもつ複数の性質に着目したり、対象を異なる複数の角度から捉えたりする）、理由付ける・原因や根拠を見付ける（対象の理由や原因、根拠を見付けたり予想したりする）、見通す・結果を予想する（見通しを立てる。物事の結果を予想する）、具体化する・個別化する・分解する（対象に関する上位概念・規則に当てはまる具体例を挙げたり、対象を構成する下位概念や要素に分けたりする）、抽象化する・一般化する・統合する（対象に関する上位概念や法則を挙げたり、複数の対象を一つにまとめたりする）、構造化する（考えを構造的、網構造・層構造などに整理する）。

学びを起こす
授業研究
[第5回]

大学における授業研究
アクティブ・ラーニングの実現を目指して

●教育能力向上に向けた授業研究

　小学校や中学校では盛んに授業研究が行われているが、大学においても一般的にFD（Faculty Development）という名の下で実施されている。互いの授業の工夫・改善のために組織的に取り組む。大学教員には大きく分けると、研究能力、教育能力、経営能力及び社会貢献力が求められる。研究だけを行っていればよいというのは遠い昔の話である。研究能力は専門性が問われるために、関連学会での発表や学会誌投稿などを通して能力向上に努める。経営能力は大学運営に関する能力である。大学全体の委員や学部・学科内の役割分担や学部長や学科長などの職務を通して培われる。例えば、筆者は大学全体では教育課程委員、FD委員、IR（Institutional Research）委員（教育研究や経営など大学の諸活動に関する情報収集・蓄積及び学生の学習成果など教育機能についての調査分析など）を担っている。社会貢献とは主に学外での社会的活動で、学会理事の諸活動（学会誌の編集やセミナー等の企画・実施など）、文部科学省等の教育行政の各種委員、教育センターや学校現場での講演や指導が該当する。書籍や教育雑誌による研究知見の発信も関連する。

　これらの中でも特に近年は「教育能力」の向上が求められている。そのための具体的な取組としては、学生による授業評価（授業最終日に実施されることが多い。5肢選択程度の質問項目と自由記述からなる）や公開授業（例えば、甲南女子大学では今年度前期に14の授業が公開され、39名の教職員が参観した）が一般的に行われている。

　筆者は鳴門教育大学でFD委員を任されたときに、お家芸のワークショップを企画・実施した（平成18年11月）。通常は小中学校のように各教員の授業を参観し、その放課後に研究協議を行うスタイルであったが、「学部授業改善のためのFDワークショップ」と銘打って、授業づくりの基本的な考えやアイデアを共有するワークショップを試行した。その際、大学教員だけでなく授業を受ける側の学生と卒業後に学生を受け入れる側の教育委員会の指導主事にも加わってもらった。縦軸は「授業」と「授業以外」、横軸は「教員」と「学生」の座標軸からなるシートを用いて行った。**写真1**はワークショップの様子である。私たちのグループは教員が筆者を含め2名、学生が2名、指導主事が1名の5名であった。

　写真2はグループを代表して筆者が全体発表している様子である。真ん中には我がグループで整理した3つの目標が書かれている。「教職に必要な基礎的知識」「公立校に通用する実践力」「授業づくりの全容が分かる講義の工夫」である。教員が授業で工夫すること

写真1

写真2

村川雅弘
甲南女子大学教授

として「講義の中に体験・思考・話し合いの場を盛り込む」、学生が大切にするべきこととして「実習後の改善案の共有」「現職院生の経験を生かす」「実習に行った先輩の話を聞く」が挙がっている。授業以外で教員が行うこととして「採用試験対策での現職院生への協力依頼」「現職院生を交えた実践的な授業研究」、学生が授業以外において努力すべきこととして「実習等の体験を語り合う」などが挙がっている。現職院生が数多く在籍している鳴門教育大学だから実現できることが少なくないが、筆者自身、このワークショップの影響なのか、その後の鳴門教育大学や甲南女子大学ほか、諸大学の非常勤においてはこの3つの目標やアイデアを意識し授業の工夫・改善に務めてきているのは確かである。個々の授業についての良し悪しや改善点を具体的に協議する授業研究も大切であるが、時には授業づくりの考え方や進め方について情報交換を行ったり、当事者である学生や受け入れ先である教育委員会等の指導主事を交えたワークショップも有効である。

授業の工夫・改善ワークショップを計画する

4月のFD委員会で今年度の研修会の内容について協議した。前川幸子委員長の「村川先生、ワークショップもご専門でしたね」の一言に思わず「はい。何か考えてみます」と応えてしまった。

1か月後の同委員会で提案したワークショップが**資料1**である。学校の校内研修用に作成した研修プラン（書式）[1] を参考に作成した。

ねらいを「全学的に、授業においてアクティブ・ラーニングを取り入れることが模索・試行されている。各教員が取り組んでいる具体事例（教材や学習形態、ICT活用など）を持ち寄り、相互に評価及び助言を行うことを通して、学び合うとともに、アクティブ・ラーニングに関する全学的な意識を向上させる」とした。

また、ワークショップの際に、各教員が持参する資料として「授業工夫シート」（**資料2**）の例を2つ提示した。1つは学部2年生85名対象の「教育方法論」、もう1つは学部3年生10名対象の「子ども学演習Ⅰ」（いわゆるゼミ）である。大人数と少人数の授業が存在するので両方の事例を示すこととした。筆者だけの事例では学部・学科に偏りが生じるので、全学から集まっているFD委員会委員が書式に従って事例を示すこととなった。1週間程度で各委員により多様な授業の工夫事例が作成され、書式のデータとともに全教員に送付された。

専門を越えた授業への姿勢や手法の学び合いの実現

研修当日の実際の様子を元に説明する。研修後のアンケート結果を紹介しながらその効果も検討する。

まず、森田勝昭学長が冒頭の挨拶を行った。「教育の大学」を目指す森田学長は「アクティブ・ラーニングの導入・実現による日々の授業の工夫・改善への期待」を熱く述べた。

続いて、このワークショップのコーディネータを任された筆者が研修の趣旨、アクティブ・ラーニングの定義、ワークショップの進め方についてプレゼンテーションを行った。ワークショップの様子をイメージ化してもらうために、他大学で行った「科学研究費申請書バージョンアップ研修」（各教員が申請書案を持ち寄り、分野を越えたグループで説明・助言・協議を行ったもの）の様子が近似しているのでそれを活用した。

ワークショップ全体の時間は60分とした。48名の

学びを起こす 授業研究 [第5回]

資料1

資料2

参加があったので、学部・学科が異なる4人編成とした。各自15分の持ち時間で、工夫・改善内容の説明：8分、コメント・質疑：5分、交替：2分の設定で行った（**写真3**）。授業者が作成した「授業工夫シート」を元に説明を行ったり、質疑・応答を行っている間に付せんにコメントを記入した。ブルーは「工夫されている点・参考になる点」、イ

写真3

エローは「問題点の指摘や疑問」、ピンクは「助言・改善策」とした。

FD委員が自らの授業について「授業工夫シート」で整理し、全教員に配布していたので、1週間ほどの短い準備期間にもかかわらず、参加者の殆どが「授業工夫シート」を作成・持参した。授業づくりに対する大学全体の教員の意識の高さを改めて実感することとなった。

研修後のアンケートには、「他の先生方のアドバイスや実践に感動しました。教育の本質を改めて確認できました」（看護学科）や「楽しくできたので、毎年でもやってほしい」（総合子ども学科）、「時間の過

●Profile
むらかわ・まさひろ　鳴門教育大学大学院教授を経て、2017年4月より甲南女子大学教授。中央教育審議会中学校部会及び生活総合部会委員。著書は、『「カリマネ」で学校はここまで変わる！』（ぎょうせい）、『ワークショップ型教員研修　はじめの一歩』（教育開発研究所）など。

ぎるのが早く、学生がアクティブ・ラーニングを取り入れた授業を受けているときの気分を味わいました」（生活環境学科）など好意的な感想がほとんどであった。参加者一人一人が自己の授業を分析・整理した上で研修に参加し（主体的な学び）、そのために具体的な工夫点やその元となる考えを述べ合い、協議することができ（対話的な学び）、その過程で授業づくりに関しての（深い学び）が実現したと考えられる。

1チームの人数に関しては、直後に挙手していただいたが、4人グループが適切だったと考えられる。また、プロジェクターで60分から1分ずつカウントダウンするプレゼンで交替のタイミングを示した。「時間管理法が参考になった」というコメントもいただいた。学校現場の授業でも同様であるが、ワークショップを取り入れる研修において時間管理は極めて大切である。

協議の中での成果を全体で共有するために「一押しアイデア」を発表してもらった。1グループ40秒ほどで報告してもらった（**写真4**）。「全体の発表の中にも参考になるアイデアが多く、これから授業計画を立てる時に是非取り組みたいです」（看護学科）とあるように、各グループの成果の一端を共有化することは意義深いと考える。

最後に、前川FD委員長が締めの挨拶を行った。

アンケートのほとんどが好意的な感想であった。「今後も本日のような機会があれば是非参加したい」（医療栄養学科）、「大変勉強になりました。分野は違っていても、授業上で困っている箇所は似ていました。それに対して、他の先生方は工夫をされていて尊敬するばかりです。（中略）手法は知りながらもできなかったことも、それを実践されている方の話を聞くと、やってみようと思います」（生活環境学科）や「授業の内容や目的、授業形態、学年や人数もそれぞれ異なるため、直接的な形で自分の授業に利用できるものではありませんでしたが、それぞれの先生が自分の授業に真摯に取り組んでおられる姿は自分にとって大いに刺激になりました。自分の授業を考えるアイデアはいただけたと思います」（総合子ども学科）、「学生の主体性を尊重するための工夫として、教員の関わり方、グループの人数配置、失敗してもよいと安心して演習に臨むことができるためにはどうするかといった点で、さらに工夫の余地があると思いました」（看護学科）など、学部や学科を越えても学び合えるものが多々あることが伺える。

一方、「全学FDに対する要望」として「講義の学生の人数によって最初からグループメンバーを分けて、このようなFDをしていただけると、即実践につなげていけると思いました」（看護学科）や「優れた教育実践事例発表会を保証人や企業に向けて行う」（文化社会学科）があった。前者に関しては、確かにその方が効果は大きいと考える。後者に関しては、大学のHP等での発信が考えられる。本稿もその一環と考えることができる。

同様の研修は9月にも実施する。ワークショップを経て改善された授業プランを収集し、授業づくりアイデア集のようなものを作成する予定である。

写真4

[参考文献]
1　村川雅弘著『ワークショップ型教員研修　はじめの一歩』教育開発研究所、2016年、p.147

カウンセリング感覚で高める教師力
[第5回]

「わかる」ということ

自己一致のレベル

今回は、「わかる」ことを考えます。クライエントのこころが自己一致するということです。相談場面で〈こころの状態〉がどれくらいのレベルのあるのか、その度合いを感受し合うことが大切です。

端的に言えば、〈先生〉が子供個々のこころの動きとしての「ありたい自己」と、「現実の自己」がどのような位置・レベルにあるのか、それを〈わかろうとする〉ことです（下図）。

図からも理解できるように、1のレベルでは、実線「現実の自己」と点線「ありたい自己」との重なりが小さくなっています。いまある自分が弱々しく縮こまっていることから、極めて悩み深い状態にあります。

レベル1では、ゆっくりとした関係づくりとその場の雰囲気（空気感）を大切にします。そして、クライエントが発する言葉を繰り返しながら、「そう、そうなんですね……」「なるほど……」などの言い方や態度で応じます。訴えたいことと同時に、戸惑いや不安、ときには恐怖感などが混在しています。この状態に寄り添うように向き合うことです。

ここでの度合いの強弱が、クライエントと〈先生〉の点線と実線の重なり具合を左右することになります。そして、この確かさがレベル2〜4（その後）に至る〈こころ模様〉を形成していくことになります。重なりが大きくなるほど、クライエントのこころの健康度がより豊かになり安定しています。

Personalityの変化

クライエントの感情がレベル4ぐらいの状態になると、双方の間とその場に許容的で自由な空気感が漂います。とりわけクライエントのこころ模様に変化がみられます。

例えば、「こんなことがあったのです」「そのとき私はこのように感じました」など、自分とのかかわりの事実やそこでの体験をゆっくりと自由に語るようになります。すると点線と実線の重なりの面積も大きくなり、レベル1のような不安や悩みが少しずつ軽くなります。

これらの事態の背景をロジャースの論に学ぶことができます。彼は「パースナリティ変化の必要にして十分な条件」[1]において、建設的なパースナリティ変化が起こるには以下の6条件が存在し、それがかなりの期間継続[2]することが必要であるとしています。

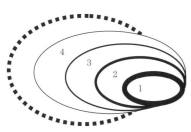

点線：「ありたい自己」　実線：「現実の自己」
図　一致の度合い

---

1. 二人の人間が、心理的な接触（psychological contact）をもっていること。
2. 第1の人—この人をクライエントと名づける—は、不一致（incongruence）の状態にあり、傷つきやすい、あるいは不安の状態にあること。
3. 第2の人—この人をセラピストと呼ぶ—は、この関係のなかで、一致しており（congruent）、統合され（integrated）ていること。
4. セラピストは、クライエントに対して、無条件の肯定的な配慮（unconditional positive regard）を経験してい

東京聖栄大学教授
有村久春

ありむら・ひさはる　東京都公立学校教員、東京都教育委員会勤務を経て、平成10年昭和女子大学教授。その後岐阜大学教授、帝京科学大学教授を経て平成26年より現職。専門は教育学、カウンセリング研究、生徒指導論。日本特別活動学会常任理事。著書に『改訂三版 キーワードで学ぶ 特別活動 生徒指導・教育相談』『カウンセリング感覚のある学級経営ハンドブック』など。

ること。
5. セラピストは、クライエントの内部的照合枠（internal frame of reference）に感情移入的な理解（empathic understanding）を経験しており、そしてこの経験をクライエントに伝達するように努めていること。
6. セラピストの感情移入的理解と無条件の肯定的配慮をクライエントに伝達するということが、最低限に達成されていること。

（下線：有村）

 ## 6条件の理解

まず第1の条件は、二人の間に〈心理的な接触の存在〉があり、最低限度の関係がみられることです。例えば、クライエントとカウンセラー、子供と担任教師、保護者と教師など。また、相談機関に相談したい旨を申し出ている（アポが取れている）などの場合です。面識や申し出がない場合、二人の間にカウンセリング関係や何らかの変化は起きにくいものです。それを確かにするために、インテーク面接（受理面接）を行うこともあります。

2番目の条件がとても重要です。クライエントが図でいう1のレベルにあり、現実の体験とそこでの自己像が矛盾している状態です。それは無意識であったり潜在的であったりします。カウンセリングの営みは〈不一致な状態から一致な自己になる〉ことですから、その変化のプロセスにクライエント自身が少しずつ気づいていくことが大切です。

第3は、〈先生〉が自己一致していることです。その関係・その瞬間において、〈ありのまま〉でいることをロジャースは重視します（模範的である必要はない）。とくに先生の純粋性（genuiness）を重視します。先生こそがレベル4にあるでしょう。

第4は、〈先生〉が子供のことを温かく受け容れる体験を意味しています。そこには何らかの条件も必要ありません。一人の人間としてのクライエントに心を配り、そこでのありのままの「感情」と「体験」を互いに味わうことです。クライエントと〈先生〉にあるすべてのことを受容（acceptance）できる状況です。そこに変化が起こるのです。

第5は、クライエントの私的な世界を〈先生〉が、「あたかも自分のものであるかのように感じとる」ことです。子供がいまどのようなレベルにあるのか（1〜4など）、その内的な位置を感得することです。そして、ここでの経験を伝えることです。子供の言葉や表情をそのまま繰り返すようにして……。

第6は、クライエントが〈先生〉の体験している受容と感情移入を知覚することです。子供が「自分の話していることを先生はわかってくれる」と自己認知することです。言い換えれば、二人の間に「変化」が起こり得た事実を〈わかり合える〉ことです。

以上の6条件、いかがでしょうか。これらは「受容」「自己一致」「共感的理解」の表現に集約され、〈先生〉の教育活動の基本要件になっています。カウンセリングをはじめ学級経営の実際や各教科等の指導場面でも有効に活用されていると思います。

[注]
1　カール・ロジャース著、伊東博訳編『サイコセラピィの過程』（『ロジャース全集』第4巻）岩崎学術出版社、1966年、p117
2　かなりの期間とはどの程度か？　ここでの理解は図の点線と実線がクライエントの納得感・安心感のある重なり状態になる期間と考えられる。

私たち大人に必要なのは、本当に失敗しても怒らないで、その失敗の原因を的確に指摘してあげるという寛容さと鋭い洞察力なのです。そうしたことのくり返しで、「失敗から正しく学ぶ」という大切さを知り、その方法を身に付けていくのだと思うのです。

夏休みにできたことは、「できるようになりたい」と思って挑戦したことというより、「試しにやってみたらできた」の方が多いと思います。そうした無意識にできるようになっていくように働きかけていく。これを2学期の始めに取り組んでみてください。必ず、子どもの大きな成長が見られるはずです。

人は、自分の今いる位置を確かめ、そこを土台としてジャンプして成長していくことができるのです。「今のあなたの踏み台はここだよ！」と示してあげてほしいのです。

「なった」ことを書いてきた子どももいました。人によっては、「なんだ、そんなことぐらいで」と思うかもしれません。体の小さい1年生の子どもにとっては、風呂のふたを一人で持ち上げられるようになるというのは、大変なことだったのです。自分で「できない」と思い込んでいたことが、できるようになることほど、嬉しいことはありません。

こうした詩や作文には、子どもが自力で脱皮し前進する姿が見られます。思い起こしてみてください。何回も転びながらもはじめて歩けるようになったときのことを。自力で茶わんとハシを持って、ご飯を食べ始めたときのことを。すでに忘れてしまってなんて記憶の跡をとどめずとも、人はそうした自力で何かをやりとげた、という一つひとつの事実の積み重ねの力によって生きてきたのだし、生きていくのだと思うのです。

人間が自立し、一人の人格を確立していくとは、こうした自力を出し切ること、自分の中に存在する自己変革の可能性を、自らが信じることから始まるのだと思うのです。教育とは、そうしたことを内と外とで実証していく営みである、とも言えるのではないでしょうか。

子どもを変える──などとよく言いますが、それほどむずかしいことはありません。子どもが変わったように見えても、その姿ははかなく、キラキラと瞬間的に輝いて、また石のように沈黙する。そうしたことの繰り返しのように思うのです。

教育とは、そうした瞬間的な輝きを子どもたちから引き出し、少しでもいいから定着させていくといった取組なのではないかと思うのです。

ユーモア詩でつづる
学級歳時記

［第5回］

白梅学園大学教授
増田修治

ますだ・しゅうじ　1980年埼玉大学教育学部卒。子育てや教育にもっとユーモアを！と提唱し、小学校でユーモア詩の実践にチャレンジ。メディアからも注目され、『徹子の部屋』にも出演。著書に『話を聞いてよ。お父さん！比べないでね、お母さん！』『笑って伸ばす子どもの力』（主婦の友社）、『ユーモアいっぱい！小学生の笑える話』（PHP研究所）、『子どもが伸びる！親のユーモア練習帳』（新紀元社）、『「ホンネ」が響き合う教室』（ミネルヴァ書房）他多数。

ユーモア詩でつづる学級歳時記

■今月の「ユーモア詩」

一人

佐藤　綾香（4年）

日曜日に、
一人でチーズケーキをやいた。
ほあんほあんにできた。
この前に、
クッキーもやった。
クッキーもじょうずにできた。
わたしも、
大人の仲間入りに
一歩近づいたかなぁ。

■人生支える体験に

「ほあんほあん」にできたチーズケーキなんていいですね。しっとりなめらかで、ちょっと口にしただけでうっとりしそうな気分になるすてきな表現です。綾香は、チーズケーキを自分の力だけで焼けたことが、よほどうれしかったのでしょう。

なにしろ、詩の題名が「一人」なのです。いろいろお母さんから教えてもらったかもしれませんが、この日は「一人でやいた」のです。しかも「ほあんほあんにできた」のです。どうだ、と胸を張る綾香の得意満面の顔が、詩の中から飛び出してきそうです。

それだけではありません。「この前に、クッキーもやった」「クッキーもじょうずにできた」のです。

「わたしも、大人の仲間入りに　一歩近づいたかなぁ」という最後のひと言に綾香の高揚した心情が詰まっています。

どの親も子どもに生きる力をつけてほしいと願っていますが、そうした力は、子ども自身が自らの体験を通して獲得するのが基本です。

綾香のように一人でできたという経験が自信となり、また次の挑戦に向かうことができるようになるのです。子どもにとって、自分でできた、わかったという体験は、人生を支える大切な力になるのです。

■9月の学級づくり・学級経営のポイント

夏休みにできたこと・できるようになったこと

子どもたちは、自分ができるようになることが大好きです。9月になると、私は子どもたちに「夏休みになってできたこと・できるようになったこと」という作文や詩を書いてもらうようにしています。

「水泳で二十五ｍ泳げるようになった」「鉄棒で逆上がりができるようになった」「勉強を自分で進んでやれた」「お手伝いを一杯やれた」「ゴミ出しをするようになった」「料理が一人でできた」などと、自分がやれるようになったことを嬉しそうに書いてくれます。

1年生を担任したときには、「お風呂のふたをあげられるように

UD思考で支援の扉を開く
私の支援者手帳から

[第5回]

指導論にまつわる煩悩(1)
自己理解への支援

　支援が必要な子どもたちに対する指導目標の根幹は「自分のことをわかるようにする」ということです。しかし、自分のことをわかるようにさせるアプローチには、首をかしげるようなものも少なくありません。良かれと思ったアプローチでも、自分の悪いところを確認させてしまうことがあります。それでは、適切な支援とは言えません。今回は、現場で日常的に行われている支援のミスマッチの実際をもとに、どのようなアプローチが自己理解を促していけるのかについて考えてみたいと思います。

奇怪な質問

　自分のことがわかるというのは、自分自身の良いところ、悪いところが見えるということです。つまり、メタ認知ができるということです。しかし、私の経験で言うと、支援者からは、たびたび奇怪と思える質問を受けることがあります。それは、「自分の短所（欠点）にどうやって気付かせたらよいでしょう」というものです。なぜ奇怪かというと、誰しも自分の短所を突き付けられたくないわけです。自分の短所を見つめることに快感を覚える人がいたとしたら、その人はマゾヒストでしょう。ですから、まず短所をわからせようというアプローチは、私たちのお相手を追い込むことになるということに気付いてほしいと思います。

良いところ探し

　同じように、「良いところ探し」も罪つくりです。支援が必要でない人には有効であるかもしれませんが、支援が必要な人には、つらいものになります。

　概念というものは対になっていて、良いところと悪いところを両方認知することで成立します。つまり、良いところ探しをすると、自分の悪いところもオーバーラップしてしまうわけです。僕らのお相手は、良いところにも反応してくれますが、同時に悪いところにも気が付いてしまい、「やっぱり自分はダメだ」と思い込んだりします。ですから、「良いところ探し」は気を付けないと危険なのです。このように、「自分をわかるようにさせる」指導というのは、一筋縄ではいかないものなのです。

パラドックス

　実際に、この対概念のところで、私たちのお相手はつまずくことが多いです。例えば、自分ができていないこと（欠点）で他者批判をすることがあります。自己中心的な人が他人の自己中心性を批判するというのはよくあることです。自分のことがわかっていないので、相手に対して怒ってしまうわけですが、そこで、「自分のことがわかっているのか」ということから指導をすると、そこで支援はストップしてしまうのです。このようなケースでは、彼らは、他人の自己中心的な振る舞いを嫌だと思う自分と、自己中心的な自分が両方存在しています。支援を必要としている子どもたちには、このような自己矛盾やパラドックスを抱えていることがとても多いのです。しかし、それを指摘しても適切な支援には結び付きません。「あなたはここがわかっていないから」

小栗正幸
特別支援教育ネット代表

おぐり・まさゆき　岐阜県多治見市出身。法務省の心理学の専門家（法務技官）として各地の矯正施設に勤務。宮川医療少年院長を経て退官。三重県教育委員会発達障がい支援員スーパーバイザー、同四日市市教育委員会スーパーバイザー。（一社）日本LD学会名誉会員。専門は犯罪心理学、思春期から青年期の逸脱行動への対応。主著に『発達障害児の思春期と二次障害予防のシナリオ』『ファンタジーマネジメント』（ぎょうせい）、『思春期・青年期トラブル対応ワークブック』（金剛出版）など。

と欠点や直すべき点を論したりする指導が有効なのは、支援がいらない人たちに対してです。支援が必要な子どもたちに自分のことをわかるようにしていくためには、矯正的なアプローチでは効果はありません。ひと回り余分な手間が必要です。

ひと手間を惜しまずに

そこで、どのようなひと手間が必要かというと、実は全然自分のことがわかっていなくても、わかる自分を少しずつ自覚させていくというアプローチがあります。

例えば、他者批判をする子どもに対して、「自己中心的な行動がみんなの迷惑になっていることがよくわかっているあなたはすごい」と言ってあげます。そのような指導を継続していくと、悪いことを悪いとわかっている自分がいるということによって、自らの行動が改まっていきます。ポジティブな考えで、自分の欠点を自ずと自分で改めていくことになっていくわけです。

また、このような支援をしていくときに、個別指導だけではよくありません。特別なカウンセリングルームのようなところで指導をしても、それが回りの人たちの中で効果をもたなければ意味がないのです。そこで、適宜、比較的小さな集団、学級で言えば班くらいのコンパクトな集団の中で、話し合いをさせてみるということをした方がよいでしょう。自分で気付いて、変えてみようということが実践できる場を提供するということが大切です。

まだるっこしくて手のかかる支援かもしれませんが、欠点を正すのではなく、それを逆手にとって、分かっている自分が自分自身を改めていくというアプローチに変えていくこと、そして自ら変えていこうとすることを実践できるような場をつくることが、対象となる子どもたちにとって適切な支援になっていきます。

あるがまま

さらに、私たちのお相手には、因果論的な方法で接するのは避けた方がよいと思います。なぜこうなったのかといったことを問題にしてもあまり良いことは出てきません。過去のことを話させて気分がスッキリするならよいのですが、大抵は、過去の嫌なことを引きずったりしているので、嫌なことをフラッシュバックさせるだけということになります。支援者の方では、カンファレンスのときなどに、なぜこの子がこうなったのかということを掘り下げていく場面が多いのです。支援を学問として捉えるならば因果論から行動を分析していくことを行ってもよいでしょう。しかし、我々実務家は因果論を問題にはしません。彼らは大抵、そのときの気分で行動してしまうことが多いのです。ですから、実務の立場としては、原因論から対応策を考えていくのでなく、今の自分をより良くしていく視点からアプローチを考えていくべきだと思うのです。

つまり、「自分のことをわかるようにする」というのは、ありのままの今の自分を、どのように肯定的にわからせるか、さらに、そこからどのように自分を変えていく道筋をつけていけるかが大事だということなのですね。
　　　　　　　　　　　　　　　　　　（談）

進行中！

子どもと創る新課程 [第5回]

地域の教育資源の活用を図った生活科（1年）の展開

保護者や地域の人々の協力を得るための体制づくり

●step5

生活科は地域の身近な環境との関わりから直接学ぶという特質があることから、保護者や地域の人々、公共施設や関係機関の人々の協力が得られる体制づくりが必要である。ここでは、学校内外の人々の協力体制を整えるポイントを紹介する。

地域は、児童にとって生活の場であり学習の場である。したがって、地域の文化的・社会的な素材や活動の場などを見いだす観点から地域の環境を繰り返し調査し、それらを教材化して最大限に生かすことが重要である。その際、学校が地域に働きかけることに加え、学校教育に期待する地域の人々の声にも充分に耳を傾け、社会に開かれた教育課程の理念の実現に配慮していくことが大切である。

保護者や地域の人々から協力を得るためのポイント

①日常的な関わりを大切にする

保護者や地域の人々から協力を得るためには、私たち教師が日頃から保護者や地域の方々と積極的に関わろうとする姿勢をもつことが大切である。例えば、地域活動に進んで参画するなどの関わりを大切にし、顔と顔が見える信頼関係を築き、互いに協力できる体制構築に努めることなどが考えられる。

②学校支援地域本部スーパーバイザーとの連携

学校支援地域本部は、学校の教育活動を支援するため、学校支援ボランティアとして地域の方々の参加をコーディネートするものであり、いわば"地域につくられた学校の応援団"である。地域の方々が学校を支援する、これまでの取組をさらに発展させて組織的なものとし、学校の求めと地域の力をマッチングして、より効果的な学校支援を行い、児童の学習の充実を図ることをねらうものである。

豊かな学びの機会提供や、確かな学力を育てるサ

ポートなど、それぞれの学校の状況に応じて地域ぐるみで学校の教育活動の支援が行われることで、「子供たちは教師以外の様々な大人と共に活動し、豊かな経験を積むことができる」「教員は、子供たちによりきめ細かい指導を行うことができる」「地域の方々は、自らの生涯学習の成果を生かす場をもつことで生きがいを得ることができる」などの効果が期待できる。

③安全で主体的な活動を行うための協力を依頼

保護者や地域の方々に協力を求める際には、生活科の趣旨をはじめ、指導計画や活動の目的、具体的な支援の内容や範囲を明確に伝えるなどして、児童が安全で主体的な活動を行えるよう配慮すべき点を保護者や地域の方々と教師の間で共有することが大切である。また、必要に応じて児童の活動の様子を教師に伝えてもらうなどして、児童に対する指導と支援に生かすようにすることも大切である。

授業のねらいを明確にし、教師と連携先との役割分担を事前に確認し、育成を目指す資質・能力について共有するなど、外部人材から事後の評価を受けたりすることなども、その後の学習活動の充実にとって重要である。その際、子供に関する個人情報の取扱いについては、十分に注意しなければならない。

保護者や地域の方々との協働体制の中で実践した生活科の活動

①1年「はじめまして」〜スタートカリキュラム

仙台市では、新入学児童が、入学直後から小学校で安心して集団生活を営み、学習に落ち着いて取り組める環境をつくるために、第1学年の各学級に「生活・学習サポーター」を配置し、担任をサポートしてもらう事業を展開している。

年度当初に、生活・学習サポーターの皆さんと1年担任が打合せを行う。スタートカリキュラムにつ

仙台市立荒町小学校教諭
鈴木美佐緒

いての説明をし、子供たちにどんな力を身に付けていくのか、どんな姿をゴールにするのか、そのために必要なサポートは何かなどの情報を共有する。

4月中、1年担任は放課後、サポーターの皆さんと1日の振り返りをし、子供の様子をお互いに確認した後、次の日の打ち合わせを行う。サポーターの皆さんからは「ねらいをもって活動する大切さが分かった」「家庭教育を見直す機会となった」「子供の成長を見ることができてうれしい」「自分の孫も、このように大事に育ててもらっていることが分かった」など、様々な意見を聞くことができる。担任にとっては、保護者や地域の方々の学校に対する本音の考えを聴くことのできる貴重な機会でもある。

写真1　サポーターさんが絵本を読んでいる場面

② 1年「昔遊びの名人になろう」

人との関わりが希薄化している現在、より多くの人々とのコミュニケーションを通して情報の交換をし、互いの交流を豊かにすることが求められている。特に生活科においては、児童が、身近な幼児や高齢者、障害のある児童生徒などの多様な人々と触れ合うことを求めている。

「昔遊びの名人になろう」の活動では、昔遊びに関心をもち、地域の方々から昔の遊びを教えてもらったり、一緒に遊んだりすることを通して、地域の方々に進んで関わりながら昔の遊びを楽しむことができることをねらう。学校支援地域本部を通して、昔遊びの得意な地域の方々をゲストとしてお招きする。子供たちは遊びを教えていただく地域の方々と一緒に昔遊びを楽しむ。地域の皆さんからは、「昔遊びを伝えることができてうれしい」「子供が何度も挑戦して昔遊びができるようになったときの笑顔がとてもよかった」などの声が聴かれる一方、子供たちからも、「昔遊び博士から優しくお遊びを教えてもらい、とっても楽しかった」「今度は、違う遊びも教えてもらいたい」「昔遊び博士のように、ぼくもなんでもできるようになりたい」などの声も聞かれる。

写真2　昔遊び名人から教わった遊びを休み時間に楽しむ子供たち

保護者と地域の方々の協力を得ながら進めた取組の終了後、活動に協力可能な方々に関するリストを作成し、校内で共有化を図り、日常的に活用できるように整備しておくことも肝要である。こうしたリストを生かして、次年度の指導計画などを作成し、具体的な学習活動を充実させていくことも忘れてはならない。

対話的学びの授業研究とは

東海国語教育を学ぶ会顧問
石井順治

求められている授業研究の転換

　全国津々浦々、どこの学校であろうと、授業研究を実施しない学校はないでしょう。それほど、授業研究は日本の学校文化になっています。では、その授業研究が、子どもの対話力を育み、対話的な深い学びがどうあるべきかを検討するものになっているかというと、まだまだ転換途上なのではないでしょうか。皆さんの学校ではどうでしょうか。

　対話的学びを深める授業研究で大切にしなければならないのは、指導する教師の教え方よりも、学ぶ子どもの学び方であり、そこで生まれる子どもの学びの事実でなければなりません。教師に教えられる学習ではなく、自ら対話的に取り組む学びなのですから、子どもが主体的・対話的に学びに取り組めているかどうか、その学びが深まっているかどうかの検討がなんとしても必要です。そのうえで、それを促進する教師の指導についての検討をするのですが、その内容は、どう教えるかというものではなく、深い学びを生み出す対話力をどう育て、どのように対話的学びを生み出し深めるかというものでなければなりません。それは、従来の授業研究のあり方では対処できないことです。今、学校は、授業研究のあり方の転換を求められているのです。

対話的学びとしての授業デザイン

　授業を研究するには、どういう題材で、どのような授業をするかという事前の研究と、実施した授業において、子どもの学びがどうだったか、子どもの学びに対する教師の対応はどうだったかを検証する事後の研究があります。もちろん教師は、授業論や教材論について日常的に研鑽を積んでいなければなりませんが、子どもの学びを具体的に研究するのは授業前後の取組です。

　事前研究で行うことは授業デザインの作成です。しかしそれは、従来行ってきた学習指導案の場合と同じではありません。教師の指導のプランではないからです。どう対話的に子どもに取り組ませ深めるかのデザインだからです。それには次の点に留意する必要があります。

　まずは、日頃から、子ども相互のつながりを深め、対話的に取り組む授業を行い、子どもの対話力と対話的学びへの意欲を高めておくことが欠かせません。その研究がまず必要です。

　次に、子どもが夢中になって取り組めるよう子どもにとって魅力的な課題を設定するようにします（Vol.4の本稿参照）。

　対話的学びには、全員によるものよりも少人数による学びの場が重要です。それを１単位時間内にしっかり設定する必要があります。短く小刻みな時間設定ばかりではよくないです。それでは学びが深まりません。子どもが探究できるよう適切な時間確保を心がけたいものです。

　こうして作成する授業デザインは、詳細な指導手順を記したものにはなりません。教師の指示と発問によって細かく進める授業ではないからです。この意識転換はなんとしても必要です。

　ただ、子どもが対話的に取り組む学びだとは言っ

●Profile
いしい・じゅんじ　1943年生まれ。三重県内の小学校で主に国語教育の実践に取り組み、「国語教育を学ぶ会」の事務局長、会長を歴任。四日市市内の小中学校の校長を務め2003年退職。その後は各地の学校を訪問し授業の共同研究を行うとともに、「東海国語教育を学ぶ会」顧問を務め、「授業づくり・学校づくりセミナー」の開催に尽力。著書に、『学びの素顔』（世織書房）、『教師の話し方・聴き方』（ぎょうせい）など。新刊『「対話的学び」をつくる　聴き合い学び合う授業』が刊行（2019年7月）。

ても、それを深い学びに昇華させるには、学びの状況を見極めた教師の「足場かけ」などの対応（Vol.3の本稿参照）をしなければなりません。そのために必要なのは、授業展開を詳細に決めることではなく、子どもの考えを予想しておくことです。

　ところで、その授業のデザインですが、それは大勢で協議して作成しないようにすべきです。対話的学びは子どもによって進みます。ですからその学級の子どもを知っている教師がデザインすべきです。大勢で作れば「どう教えるか」という罠にはまってしまいます。大勢で協議してよいのは教材研究とそこから派生する課題についてです。

子どもの事実をもとにした事後研

　授業後に検討しなければならないのは、教師が子どもの学びに適切に対応できたかどうかです。けれども、それには子どもの事実を丁寧に振り返らなければなりません。どこで学びが生まれたか、どこで学びが滞ったか、それが明確でなければ教師の対応がどうだったかの判断はできないからです。

　ところがそれが容易なことではないのです。これまでの授業研究が教師の指導に焦点を当てすぎていて、子どもの事実をみることを疎かにしてきたからです。子どもは何人もいて、学びの事実は一様ではありません。もちろん子どもの事実とは表面に浮き出てくるものだけではありません。子どもの内に秘められているものもあります。学ぶのは子どもであり、それぞれの子どもが主体的に向かう学びを実現するのが私たちの理想です。だとしたら、見えにくいものも含めた一人ひとりの学びの事実をできる限り深くとらえないと授業はできません。ですから、事後の検討会ではその子どもの事実を丁寧に深く見直さなければならないのです。そうでなければ、主体的・対話的で深い学びの授業研究にはなりません。

　そのような検討会を実現するには、授業参観のあり方から見直す必要があります。教室の後ろから眺めているだけの参観では子どもの事実はとらえられません。子どもがペアやグループになったら近づいて子どもの声に耳を傾けなければなりません。一人ひとりの子どもの考えを聴きとるだけではなく、考えと考えの関連、子どもの考えと課題とのつながりを浮き彫りにするように聴かなければなりません。対話的学びの検討は、そうした参観をしなければできないことなのです。

　私は、そのような事後の研究協議こそ対話的になるべきだと考えています。つまり、教師が対話的に研究できる学校が、教室における子どもたちの学びを真に対話的なものにできるのです。

　授業を研究するということは、どこまでも子どもの学びについて真摯に考えるということです。見栄えのよい上手い授業、技巧的に優れた授業を目指すためではありません。もちろん、研究授業だけよい授業をするためでもありません。

　ということは、授業研究をイベント的にしてはならないということになります。授業研究を特別な日のフランス料理にするのではなく、日々のお惣菜のような、もちろん美味しいお惣菜を目指しますが、そういう授業研究にすべきなのです。

スクールリーダーの資料室

●新時代の学びを支える先端技術活用推進方策（最終まとめ）〈抜粋〉

令和元年6月25日　文部科学省

1．新時代における先端技術・教育ビッグデータを効果的に活用した学びの在り方

(2) 新時代に求められる教育とは

【新時代の教育の方向性】

上記のようにAI等の技術革新が進んでいく新たな時代においては、人間ならではの強み、すなわち、高い志をもちつつ、技術革新と価値創造の源となる飛躍的な知の発見・創造など新たな社会を牽引する能力が求められる。また、そのような能力の前提として、文章の意味を正確に理解する読解力、計算力や数学的思考力などの基盤的な学力の確実な習得も必要である。

そのためには、
① 膨大な情報から何が重要かを主体的に判断し、自ら問いを立ててその解決を目指し、他者と協働しながら新たな価値を創造できる資質・能力の育成
② ①を前提として、これからの時代を生きていく上で基盤となる言語能力や情報活用能力、AI活用の前提となる数学的思考力をはじめとした資質・能力の育成

につながる教育が必要不可欠である。

【公正に個別最適化された学び ～誰一人取り残すことなく子供の力を最大限引き出す学び～】

また、子供の多様化に正面から向き合うことが、新たな時代においてはますます重要となる。

現状においても、不登校等の理由によって、他の子供とともに学習することが困難な子供の増加、自閉症スペクトラム（ASD）、学習障害（LD）、注意欠陥多動性障害（ADHD）といった発達障害の可能性のある子供や、特定分野に特異な才能を持つ子供など、多様な特性を持った子供が同じ教室にいることが見受けられる。また、国内に在留する外国人の増加に伴い、日本の公立学校（小学校、中学校、義務教育学校、高等学校、中等教育学校、特別支援学校）に在籍する子供の中で、日本語指導が必要な子供も大きく増えている。

このような多様な子供が誰一人取り残されることなく未来の社会で羽ばたく前提となる基礎学力を確実に身に付けるとともに、社会性・文化的価値観を醸成していくことが必要である。このためには、知・徳・体を一体的に育む日本の学校教育の強みを維持・発展させつつ、多様な子供の一人一人の個性や置かれている状況に最適な学びを可能にしていくこと、つまり、「公正に個別最適化された学び」を進めていくことが重要である。

(3) 教育現場でICT環境を基盤とした先端技術・教育ビッグデータを活用することの意義

(2) で記載した教育を実現する上で、学校でICT環境を基盤とした先端技術や教育ビッグデータを活用することは、これまで得られなかった学びの効果が生まれるなど、学びを変革していく大きな可能性がある。

ICT環境を基盤とした先端技術や教育ビッグデータを活用することで得られる具体的な効果として期待できるものを類型化すると以下のとおりである。

【学びにおける時間・距離などの制約を取り払う】

先端技術を活用することで、時間や距離の制約から自由になることが増え、各場面における最適で良質な授業・コンテンツを活用することができる。

【個別に最適で効果的な学びや支援】

・個々の子供の状況に応じた問題を提供するAIを活

用したドリル教材等の先端技術を活用した教材を活用することで、繰り返しが必要な知識・技能の習得等に関して効果的な学びを行うことが可能になる。
- 子供の多様で大量の発言等の学びに関する情報を即時に収集、整理・分析することで、他者との議論が可視化できるようになり、より深い学びを行うことが可能になる。
- センサ（感知器）等を使用して様々な情報を計測する技術（センシング技術）を活用することで、子供の個々の状況がこれまでにない精度で客観的かつ継続的に把握できるようになり、子供の抱える問題の早期発見・解決が可能になる。

【可視化が難しかった学びの知見の共有やこれまでにない知見の生成～教師の経験知と科学的視点のベストミックス（EBPMの促進）～】

　これまでにない詳細さと規模で学びの記録が技術的に可能となることで、教育の根幹をなす学習の認知プロセスが見えて、これまで経験的にしか行えなかった指導と評価等が、学習のプロセスと成果に対する最大限正確な推定を根拠に行えるようになる可能性がある。

【校務の効率化　～学校における事務を迅速かつ便利、効率的に～】

　先端技術を活用することにより自動的かつ継続的なデータの取得や、情報共有の即時化が可能となり、校務の効率が手作業の時より圧倒的に向上する。これにより、教員の事務仕事にかける時間を減少し、子供と触れ合う時間を増加させることが可能となる。教員勤務実態調査（平成28年度）において、小・中学校教師の勤務時間は、平成18年度に実施した同じ調査と比較しても増加しているところである。また、OECD国際教員指導環境調査（TALIS）2018において、小・中学校ともに日本の教師の1週間当たりの仕事時間の合計は参加国の中で最長で、「一般的な事務業務（教員として行う連絡業務、書類作成その他の事務業務を含む）」に係る時間が参加国の平均と比べて長い傾向にあることから、ICT環境を基盤とした先端技術・教育ビッグデータを活用することは、こうした課題を解決し、教師の働き方改革につながることが見込まれる。

　上記の効果は現時点の技術から想定される効果を示しているものであり、今後の技術の進展によって更に現在想像もされていない効果が次々と加わることが想定される。このため、子供の学びの質を高めていくために学びに先端技術を導入することは、"あった方がよい"という存在ではなく、"なくてはならない"存在となっていくことが考えられる。

　なお、学校に先端技術を導入することで、「教師がAI等の機械に代替されるのではないか」との意見もあるが、AI等を活用して行える場合は上手に活用し、むしろ人間にしかできないことに教師の役割はシフトしていくことになると考えられる。つまり、知識・技能と思考力・判断力・表現力等を関連付け、教育の専門家たる教師が見取りながら効果的に学ぶことや、学校や学級という集団のメリットを生かし、教師の発問等を通じて何が重要かを主体的に考えたり、地域や民間企業・NPO等をはじめとした多様な主体との関わり合いの中で課題の解決や新たな価値の創造に挑んだりすることは、いかに先端技術が進展しても人が人からしか学び得ないことである。このような、人が人から直接学ぶことができる希少性から、教師はこれまで以上に重要性が増すと考えられる。

スクールリーダーの資料室

教育ビッグデータの在り方（今後の方向性）

今後の方向性

- 教育ビッグデータを効果的に活用するためには、収集するデータの種類や単位（データの意味）が、サービス提供者や使用者ごとに異なるのではなく、相互に交換、蓄積、分析が可能となるように、収集するデータの意味を揃えることが必要不可欠であることから、「**教育データの標準化**」とその利活用（学習履歴（スタディ・ログ）等）に関する検討を行う。

<教育ビッグデータ収集・活用に当たっての留意点>
✓ クラウド等の活用における個人情報保護法制との関係
✓ データ解釈の際のバイアス問題

教育データの標準化

① 「**データの内容の規格**」の標準化
校務系データ、学習系データについて、学習指導要領のコード化（※）を含めて検討

<校務系データのイメージ>
- 子供の属性情報（氏名、生年月日、性別など）
- 学習評価データ（定期テストの結果、評定など）
- 行動記録データ（出欠・遅刻・早退、保健室利用状況など）
- 保健データ（健康診断の結果など）

<学習系データのイメージ>
- 学習履歴データ（デジタル教科書・教材の参照履歴、協働学習における発話回数・内容、デジタルドリルの問題の正誤・解答時間・試行回数など）

② 「**データの技術的な規格**」の標準化
既に流通している国際標準規格を活用しながら検討

民間企業、有識者等を交えて検討を行い、令和2年度中に一定の結論

諸外国の状況

✓ 各学校の子供・教師、学校管理に関するデータを蓄積し、学校マネジメントや学校評価に利用
✓ MIS（管理情報システム）に子供の出欠や課題の提出状況、成績や所見などを日常的に蓄積

✓ 未就学児教育から企業内研修までの用語の定義やID体系を整理し、学習系データの標準化を図り、州間のデータ比較が可能。（CEDS：共通教育データ標準）
✓ SIS（生徒情報システム）に子供の様々な情報を蓄積し、授業設計等に活用

✓ 国全体の標準として「オーストラリアンカリキュラム」を開発し、様々な教材・授業案と連携し、州・学校を越えて共有することが可能
✓ 各学校で蓄積したデータは、学校間での引継ぎ、州による収集・分析のほか、連邦が州の教育状況の比較に利用

※ 学習指導要領のコード化のイメージ
学習系データを横断的・体系的に活用するため、学習指導要領に基づいて内容・単元等に共通のコードを設定する。

（4）関係者の意識の共有と専門性をもった人材の育成・確保のための取組の推進

✓ ICT環境整備の可及的速やかな促進に向けて、適切な環境整備の方策（推進施策1～3）を提示・推進しつつ、関係者（首長部局、教育委員会、学校等）が、学校現場のICT環境の現状・課題を適確に把握し、ICTを効果的に活用するための知識・知見を高めていくことが必要。

- 市町村ごとの**ICT環境の整備状況、ICTの利活用状況等も含めた更なる「見える化」**
- 「**ICT活用教育アドバイザー**」による市町村担当者などを対象とした**説明会開催や常時相談体制整備**、また、具体的な内容に関する「**地方自治体のための学校のICT環境整備推進の手引き**」の最新版を公表
- 「**教育の情報化に関する手引**」(仮称)を夏頃を目途にまとめ、教師へ**より分かりやすく具体的なICT活用の方策の提示**
- 指導資料の充実等による**情報モラル教育の推進やICT機器の活用による健康面への影響についての調査研究**の実施
- 大学の教職課程に係る**法令やコアカリキュラムの継続的な改善**
- 独立行政法人教職員支援機構による、**各地域でのICT活用に関する指導者の養成研修の実施**、また、これら研修への**外部人材の活用**に資する必要な**人材の発掘、情報提供等の支援**
- 「**ICT支援員**」の必要性の周知による**配置・活用の促進**

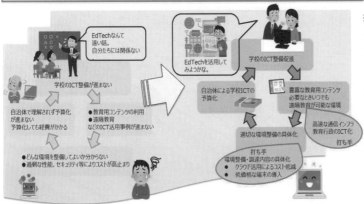

※ 併せて、文部科学省は、

- 社会の多様な人材が学校教育に参画できるよう、**教員免許制度の在り方や産業界等との連携方策について、中央教育審議会において検討**
- 各種調査等のオンライン化や各種会議の遠隔システムの利用促進による、**教育行政からのICT必須化**（ICTの効果的な活用）を通じて、**自治体や学校がICTを日常的に利活用する素地を醸成**

2．学校現場における先端技術・教育ビッグデータの効果的な活用

遠隔・オンライン教育
（機能）遠隔システムを用いて、同時双方向で学校同士をつないだ合同授業の実施や、専門家等の活用などを行う。また、授業の一部や家庭学習等において学びをより効果的にする動画等の素材を活用する。
（効果）学習の幅を広げる、学習機会の確保
（留意点）受信側の子供たちへの配慮など

デジタル教科書・教材
（機能）これまで紙によって提供されてきた教科書や教材がデジタル化され、大型提示装置やタブレット端末等で活用できるようになる。また、動画やアニメーション等のデジタル環境ならではの多様な表現により効果的な学習が可能となる。
（効果）動画・アニメーション等の活用による興味・関心の喚起
（留意点）効果的な授業への組み込み

協働学習支援ツール
（機能）協働学習支援ツールとは、子供の端末と教師の端末・電子黒板等を連携し、文書・画像ファイル等の教材・課題の一斉配付のほか、画面共有・制御等を行うことにより、個々の子供の考えをリアルタイムで教師と子供間、子供同士、学級全体で共有することを可能とするものである。
（効果）個々の状況に応じた声がけ等子供同士の考えの比較・議論活性化
（留意点）アクセス集中に対応する代替策の用意

AR・VR
（機能）AR（Augmented Reality：拡張現実）技術を活用し、現実世界に追加情報を付加することで、情報をリアルタイムで提供することができる。また、VR（Virtual Reality：仮想現実）技術を活用し、様々な形で作られた現実のような世界に、ユーザー自身が入り込む感覚になることで、現実では体験できないことに関して、リアルな疑似体験をすることができる。
（効果）調べ学習等への効果的活用（AR）、疑似体験による効果的な指導（VR）
（留意点）機器操作中の事故に留意等

AIを活用したドリル
（機能）AIを活用したドリルは、各自の習熟度や状況に応じた問題を出題・自動採点するものである。
（効果）習熟度に応じた学習、自動採点による教師の負担軽減
（留意点）学習分野、使う場面が限定

センシング
（機能）センサ（感知器（マイクも含む。））を用いて、意見交換を行う子供の会話等の情報を計測・数値化し、学びの状況の分析に活用する。
（効果）発話量や視線、教師の指導内容などのデータ収集。収集したデータに基づく指導
（留意点）従来の見取りを通じた観察を補強するために活用

統合型校務支援システム
（機能）統合型校務支援システムとは、「教務系（成績処理、出欠管理、時数管理等）、保健系（健康診断票、保健室来室管理等）、学籍系（指導要録等）、学校事務系などを統合した機能を有しているシステム」であり、教職員の校務を電子化し、効率的に処理するためのものである。
（効果）蓄積した情報による書類作成の負担軽減、情報共有によるきめ細やかな指導
（留意点）システム活用を前提とした業務改善が必要

スクールリーダーの資料室

先端技術・教育ビッグデータの効果的な活用とICT環境の整備について取組むべき方策
（全体像）

先端技術
学習指導要領の求める資質・能力を育成、深化し、子供の力を最大限引き出す効果的な活用の在り方が必要

↓

「最終まとめ」の基本的考え方を踏まえて
「学校現場における先端技術利活用ガイドライン」を策定

概要P6
（報告書P10）

教育ビッグデータ（スタディ・ログ等）を活用した指導・支援　⇄　教育ビッグデータの収集

教育ビッグデータ
・ICTを基盤とした先端技術を活用することで、得られる教育ビッグデータの効果的な収集・蓄積・分析が必要
・教育ビッグデータの利活用の在り方の検討が必要

↓

教育データの標準化と学習履歴（スタディ・ログ）等の利活用の具体的な在り方の検討

概要P7
（報告書P17）

学校ICT環境
先端技術・教育ビッグデータ活用の前提となる学校現場におけるICT環境は不十分であり、早急な充実が必要

世界最先端のICT環境に向けた
世界最高速級の学術通信ネットワーク「ＳＩＮＥＴ」との接続
安価な環境整備に向けた具体的モデルの提示／クラウド活用の積極的推進　など

概要P8
（報告書P25）

先端技術の機能に応じた効果的な活用の在り方

遠隔・オンライン教育
- 効果：学習の幅を広げる、学習機会の確保
- 留意点：受信側の子供たちへの配慮など

AR・VR
- 効果：調べ学習等への効果的活用(AR)／疑似体験による効果的な指導(VR)
- 留意点：機器操作中の事故に留意等

AIを活用したドリル
- 効果：習熟度に応じた学習、自動採点による教師の負担軽減
- 留意点：学習分野、使う場面が限定

統合型校務支援システム
- 効果：蓄積した情報による書類作成の負担軽減、情報共有によるきめ細やかな指導
- 留意点：システム活用を前提とした業務改善が必要

デジタル教科書・教材
- 効果：動画・アニメーション等の活用による興味・関心の喚起
- 留意点：効果的な授業への組み込み

センシング
- 効果：発話量や視線、教師の指導内容などのデータ収集。収集したデータに基づく指導
- 留意点：従来の見取りを通じた観察を補強するために活用

協働学習支援ツール
- 効果：個々の状況に応じた声がけ等子供同士の考えの比較・議論活性化
- 留意点：アクセス集中に対応する代替策の用意

※先端技術の活用場面・頻度
幼児期や小学校低学年などにおいては直接的な体験が重要であることなどから、発達段階に応じた最適な活用を第一に考える必要

【基本的な考え方の更なる実証・精緻化】
今後、文部科学省や国立教育政策研究所の事業等での実証等を踏まえ、令和2年度内を目途に、「学校現場における先端技術利活用ガイドライン」を策定

太鼓に問う

高知県室戸市立室戸小学校長
濵窪多美子

　校長室の棚の上には古い太鼓がある。地元に伝わる「鯨舟の唄」の学習で使うものである。江戸時代から昭和初期にかけ、かつて室戸は捕鯨の盛んな土地であった。鯨舟の唄は、地元の神社で継承されている伝統芸能である。これは江戸時代、捕鯨を組織的に行っていた漁師たちの願いと喜びを祝いの席で唄ったものである。現在は鯨舟の唄保存会の方々がその伝統を守っている。

　本校では、総合的な学習の時間が新設されたころから、6年生が地元に伝わるこの伝統芸能について、保存会の方々の協力を得て学習している。本年度は、「室戸再発見〜未来へつなげ　生きる力〜」と学年テーマを定め、3年生からつないできたふるさと教育の集大成として取組を進めている。先日開催された、「室戸鯨舟競漕大会」の開会セレモニーで披露したところである。盛大な拍手を受け、誇らしげに胸を張り地域の人々の前に立つ法被姿の児童は、充実感にあふれていた。

　この鯨舟の唄は、20数年の歴史ある学習材である。しかし、ここ数年の総合的な学習の時間の展開としては、真の探究的な学習活動になり得ていない部分があるのではと感じている。6年生になれば鯨舟の唄の学習……というところから学びが始まってはいないか、児童が問題を吟味し、自身でつくり出すことができているか、日頃から解決すべき問題としてふるさと室戸の今般の状況を見つめることができているかなど、児童が身近な人々や社会、自然に興味・関心をもち、それらに意欲的に関わろうとする態度を育成するものになっているかと問うとその課題は大きい。

　唄の学習が目的ではなく、一連の学習が、自分自身で物事を取捨選択し、整理し、既存の知識や体験と結び付けながら、構造化する力を身に付けられるような本気の学びを目指したいところである。地域の様々な人と関わりながら学ぶことにより、自分の力で解決することができたという達成感や地域の役に立ったなどの自己有用感が生まれ、ふるさと室戸に貢献しようとする「室戸人」が育つと考える。何よりもふるさとの一番の財産は「ひと」であるということに気付いてほしいと思う。

　多くの卒業生と保存会の方々の手垢や汗がしみこんだ棚の上の太鼓は、そんな「室戸人」を育てているのかと私に問いかけるとともに、児童の可能性を広げ、将来を力強く切り拓くための教育を目指す気持ちを折に触れ確認させてくれる存在である。

　さて、そんな私を当の太鼓はどう見ているだろう。何を望んでいるだろう。聞いてみたいものである。

私の人生を変えたラグビー

北海道登別市立緑陽中学校長
新沼　潔

　高校入学と同時に中学校でかじったバスケットボール部に入部した。当時、180センチ88キロの体重が3か月足らずで73キロまで落ちた。当然勉強などはできず成績も急降下。そこで「勉強に力を入れたいので退部します」（本音はきつくて辞めたかっただけ。）と言い訳して辞めた。キャプテンからは「そう言って辞めても勉強しないぞ」と引き留められたが「僕はやります」とびしっと答えて無事退部。しかし、その後はお決まりの転落コース。当然勉強などするわけもなく、自堕落な生活を続けた結果、体重は95キロにまで増加。成績は最下層に沈んだまま。2年の浪人生活を経て、かろうじて教育大学に入学。「マークシートが生んだ奇跡」とまで言われる。

　そこで一念発起、何か運動しなければ自堕落な生活と縁を切ることができないと考え、函館では盛んであったラグビー部に入部した。これが自分の人生の大きな転機となった。

　入部初日、グラウンドを半周走って吐きそうになってリタイヤ。しかし、今度こそ途中でやめるわけにはいかないと歯を食いしばって続けた結果、体重は変わらず筋肉に変わり、スクラム担当のレギュラーとして試合に出るようになっていった。北海道大学選手権大会では1年生ではチームは2部に沈んだが、仲間に恵まれた結果、3年生で2部優勝して1部復帰を決めることができた。そして4年生最後の選手権。前年度準優勝の大学との厳しい戦いに臨み何とか勝利を収めることができた。準決勝では惜敗したものの、充実したラグビー人生を送ることができた。自分に自信がもてるようになった4年間であった。

　さらにそこで大きなご褒美をいただいた。「大会ベスト15」に選出。翌年には北海道選抜として東日本社会人大会に出場させていただいた。対戦相手はリコー。日本代表も所属する強豪であった。同大会には7連覇中の新日鉄釜石の選手も参加していて、生で見られるだけでうれしかった思い出がある。結果は惨敗であったが、日本のトップとの大きな差を感じるとともに大いなる思い出と財産になった。

　この経験は自分の教員としての基盤となったのは言うまでもない。「人生はいつでもやり直すことができる」と熱く語り、荒れた生徒を前にして一歩もひかない気迫を示すことができた。体育会系の4年間で培った先輩後輩を大切にする生き方は特に管理職になってからは大いに役立ったと思う。私の人生を劇的に変えたシンボルとして今でもこれらが私の一品である。

好評発売中！

次代の学びを創る 学校教育実践情報シリーズ

リーダーズ・ライブラリ 全12巻

Leader's Library

A4判、本文100頁（巻頭カラー4頁・本文2色／1色刷り）、横組
ぎょうせい／編
各巻定価（本体1,350円+税）各巻送料215円
セット定価（本体16,200円+税）送料サービス

これからのスクールリーダーを徹底サポート。
新課程下の「知りたい」を即解決！

■各巻特集テーマ

2018年

Vol.01（04月配本）**新学習指導要領全面実施までのロードマップ**
＊ to do と実施のポイントで今年度の課題を整理

Vol.02（05月配本）**「社会に開かれた教育課程」のマネジメント**
＊PDCAで編成・実践する「社会に開かれた教育課程」

Vol.03（06月配本）**Q&A新教育課程を創る管理職の条件**
＊知っておくべき学校管理職のための知識＆実践課題

Vol.04（07月配本）**スクールリーダーのあり方・生き方**
＊求められるリーダー像はこれだ！　各界に学ぶリーダー論

Vol.05（08月配本）**若手が育つ学校〜学校の人材開発〜**
＊若手の意識を変える！　年齢構成から考える組織マネジメント＆若手速成プラン

Vol.06（09月配本）シリーズ授業を変える1：**今求められる授業の基礎技術**
＊徹底追究！　いまさら聞けない授業技術（板書、机間指導、指名etc）

Vol.07（10月配本）シリーズ授業を変える2：**「問い」を起点にした授業づくり**
＊教師の「問い」研究 ―「主体的・対話的で深い学び」はこう実現する

Vol.08（11月配本）シリーズ授業を変える3：**子供の学びをみとる評価**
＊もう迷わない！　新しい学習評価の必須ポイント

Vol.09（12月配本）**子供の危機管理〜いじめ・不登校・虐待・暴力にどう向き合うか〜**
＊子供を守れるリーダーに！　次代の危機管理の傾向＆対策

2019年

Vol.10（01月配本）**教師の働き方とメンタル・マネジメント**
＊管理職の腕次第!?　教師が生きる職場のつくり方

Vol.11（02月配本）**インクルーシブ教育とユニバーサルデザイン**
＊「合理的配慮」から改めて特別支援教育を考える

Vol.12（03月配本）**新教育課程に向けたチェック＆アクション**
＊実施直前！　移行期の振り返りと課題の確認で準備万端

変わる指導要録・通知表
新しい評価のポイントが「速」攻で「解」る！

2019年改訂 **速 解 新指導要録と「資質・能力」を育む評価**

市川伸一［編集］　東京大学大学院客員教授・中央教育審議会
教育課程部会児童生徒の学習評価に関するワーキンググループ主査

A5判・定価（本体1,800円＋税）送料300円
＊送料は2019年6月時点の料金です。

- ◆新しい**学習評価のねらい**は何か。「**主体的・対話的で深い学び**」をどう見取るか。
- ◆新たな3観点「**知識・技能**」「**思考・判断・表現**」、そして「**主体的に学習に取り組む態度**」をどう評価するか。
- ◆**指導要録の様式改訂**でどのように記述は変わるのか。

若手が"みるみる"育つ！
教師のライフコース研究からひもとく**若手育成の秘策**

若手教師を育てるマネジメント
―新たなライフコースを創る指導と支援―

大脇康弘［編著］　A5判・定価（本体2,400円＋税）送料300円
＊送料は2019年6月時点の料金です。

ベテラン教師の大量退職、若手教師の採用急増、学校をめぐる様々な教育課題への対応…。
いまスクールリーダーに求められる、若手教師の育て方・生かし方がわかります！

株式会社 ぎょうせい　フリーコール **TEL：0120-953-431** [平日9～17時] **FAX：0120-953-495**
〒136-8575　東京都江東区新木場1-18-11　https://shop.gyosei.jp　ぎょうせいオンラインショップ　検索

学校教育・実践ライブラリ　Vol.5
校内研修を変えよう

令和元年9月1日　第1刷発行

編集・発行　株式会社 ぎょうせい

〒136-8575　東京都江東区新木場1-18-11
電話番号　編集　03-6892-6508
　　　　　営業　03-6892-6666
フリーコール　0120-953-431
URL　https://gyosei.jp

〈検印省略〉

印刷　ぎょうせいデジタル株式会社
乱丁・落丁本は、送料小社負担のうえお取り替えいたします。
©2019　Printed in Japan.　禁無断転載・複製

ISBN978-4-324-10614-3　(3100541-01-005)〔略号：実践ライブラリ5〕